© 1. Auflage 1992
Oase Verlag
Postfach 344
7847 Badenweiler
Tel: 07632-7460
Fax: 07632-5098

Karten & Fotos: Salamander
Herstellung:
Rombach GmbH, Freiburg
Alle Angaben ohne Gewähr

ISBN 3-88922-044-4

Erste Orientierung

Dieses Buch ist in 4 Regionen eingeteilt:

VOGESEN - Wanderungen mit Fernsicht und jede Menge Fermes Auberges, herbe Bauernhöfe. Die schönste Wanderzeit: Mai bis Oktober.

REBLAND - bukolisches Elsaß, Reich der Winstuben und Haeberlins. Konzentriert entlang der Route du Vin und um Colmar. Im Sommer und zur Weinlese ein Härtetest.

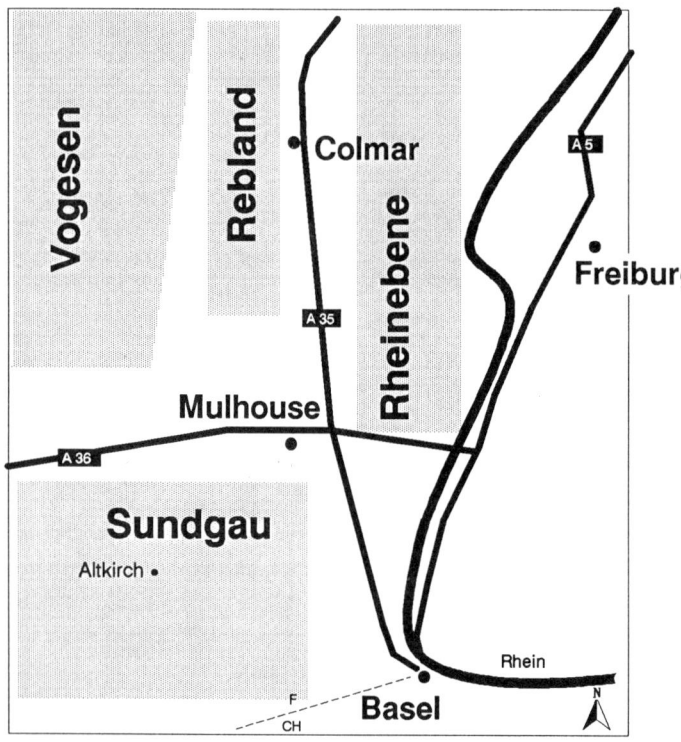

SUNDGAU - ruhiges Hügelland zwischen Vogesen und Jura. Obst- und Wiesenlandschaft, ordentliche Dörfer mit Kirchturm. Lustvolle Ausflüge - ohne Feinschmeckerdruck!

RHEINEBENE - das herbe Elsaß, großflächig verhunzt. Endlose Maisfelder, Industriebrachen und keine Hoffnung auf Besserung. Aber: da und dort Oasen!

Vgl. auch 'Auf den Ersten Blick', S. 24ff.

Südliches Elsaß & Sundgau

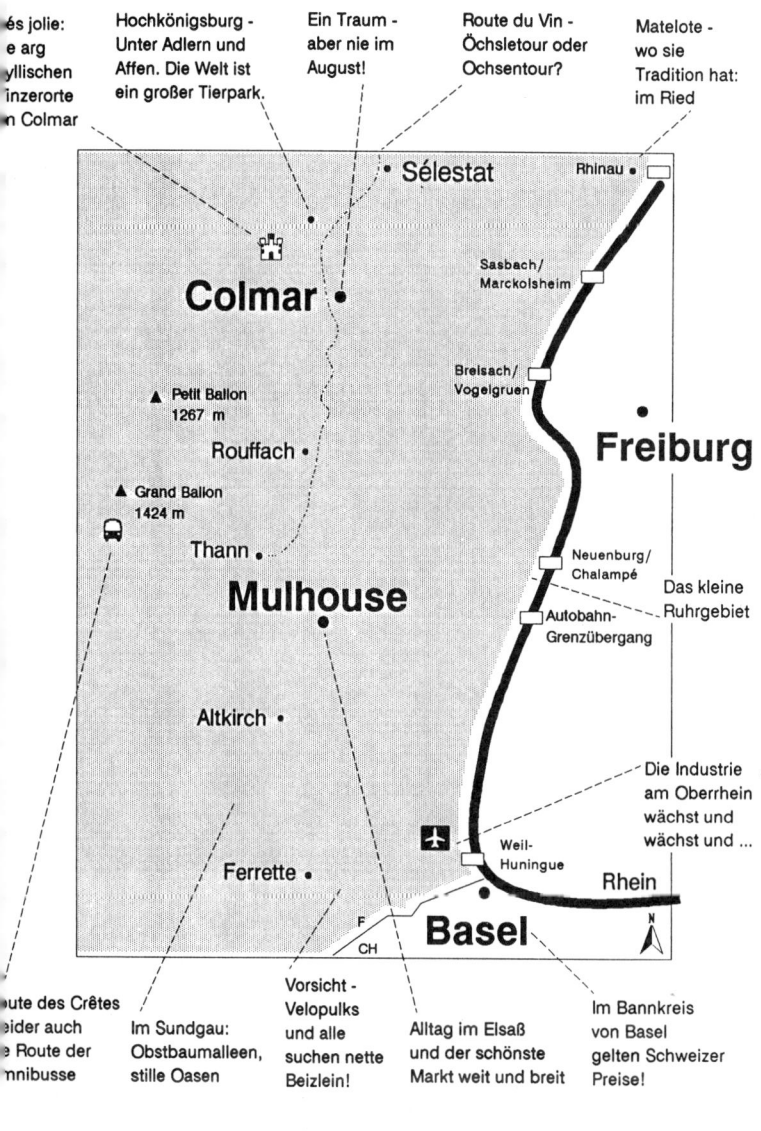

és jolie: e arg yllischen inzerorte n Colmar

Hochkönigsburg - Unter Adlern und Affen. Die Welt ist ein großer Tierpark.

Ein Traum - aber nie im August!

Route du Vin - Öchsletour oder Ochsentour?

Matelote - wo sie Tradition hat: im Ried

Das kleine Ruhrgebiet

Die Industrie am Oberrhein wächst und wächst und ...

ute des Crêtes eider auch e Route der mnibusse

Im Sundgau: Obstbaumalleen, stille Oasen

Vorsicht - Velopulks und alle suchen nette Beizlein!

Alltag im Elsaß und der schönste Markt weit und breit

Im Bannkreis von Basel gelten Schweizer Preise!

Inhalt

Scherben bringen Glück 7

Elsässer Spitzen 14

Der erste Blick 24

Unterkommen 29

Radfahren 33

Wandern 36

Auskünfte, Telefonieren 37

Ortsteil

Übergänge 38

Sundgau 64

Mulhouse 102

Zwischen Mulhouse und Colmar 126

Colmar 139

In die Vogesen 154

Très jolie: Die arg idyllischen Winzerorte 175

Volle Kanne Öchsle - Weinwissen 191

Literatur 204

Die schönsten Märkte 208

Der Sternenhimmel über dem südl. Elsaß 209

Oasen im Elsaß 210

Ortsverzeichnis 212

Verzeichnis der Restaurants & Hotels 214

Allez! Das Elsaß in fünf Minuten:

Scherben bringen Glück

Haben Sie noch etwas Geduld. Bevor die Reise richtig losgeht, müssen wir leider einen kleinen Trümmerhaufen anrichten. Die überfällige Demontage gilt einigen Elsaßvorurteilen, die so zäh sind wie ein steak minute. Ohne Illusionen reist sich's leichter:

A B S C H I E D : Das Feinschmecker-Eldorado Elsaß trieft - besonders um Colmar - vor Edelrestaurants. Seit Jahren werden die Imagetankstellen gebetsmühlenhaft abgeleiert. Die Adressen sind bekannt, gelistet und häufig überbewertet. Wer die Müller-Butenuts aus Bad Homburg oder die Freundin aus Ddorf-Kaiserswerth beeindrucken möchte, sollte sich das Geld für dieses Buch sparen. Dafür gibts immerhin schon zwei mal Aperitif und ein dünnes Lächeln vom Automaten. Besser wir trennen uns gleich hier!

A M B I E N T E : Vorsicht Stil, manche Eßtempel sind auch für Luxusgewohnte anstrengend: Plüsch und Brokat haben westlich des Rheins noch Konjunktur. Fußkissen, Lautenspieler und Mätressen sind zwar abgeschafft, in den gehobenen Klassen darf es aber stets etwas mehr sein. Dazu natürlich Kunst und allerlei Künstliches. Speisekarten in edler Kalligraphie, von Hand gedrechselt, langhalsige Weinflaschen mit Künstleretiketten. In klassischer Manier auf einer alten Nähmaschine oder dem Piano drapiert - das den schönsten Platz im gesamten Raum einnimmt.

C A V E S , Dégustation. Sie werden in jedes zweite Haus zur Dégustation eingeladen und wer's geschickt anstellt, kommt auch ohne Kauf wieder raus. Bei den größeren caves ist dies kein Problem. Wenn Sie aber ehrlich auf der Suche nach einem guten Wein sind, führt diese Art der Bestandsaufnahme in den seltensten Fällen zum Erfolg - man sollte zumindest genau wissen, was man sucht. *Lesen Sie dazu unser Weinkapitel.*

C I R C U I T d e ... Die Geisterbahn durchs Fachwerk, das Hamsterrad der Ratlosen, Laufsteg für Video-Träger. Eine Aneinanderreihung von Caves (Riesling, Gwürtz und Pinot Blanc kommen im günstigen Dreierpack - ab 60 FF sind Sie dabei), Restaurants (obligatorisch: choucroute à l'alsacienne, Holzbalken, Trachten, "möschten Sie einén Aperitif?") und Andenkenläden. Die Preise sind überhöht, die Restaurants in der Regel schlecht. Wer sich auf diese Wege begibt, hat verloren und muß zurück zum Start.

F R E U D E : In einem übertreffen uns die Nachbarn allerdings um Längen: sie haben einfach Lust am essen. Die Gäste nehmen sich Zeit, der berüchtigte deutsche Kombiteller ist weithin unbekannt, oft steht schon mittags eine Flasche Wein auf dem Tisch (und auch im Kühler!). Wer mit dem Tag noch nicht ganz abgeschlossen hat, trinkt eben Mineralwasser und nicht dieses unsägliche Cola oder Apfelsaftgeschlempere. Das Brot gehört zum Gedeck wie die Serviette und wird auch nach der Vorspeise nicht gleich wieder abgeräumt.

Wie trostlos ist dagegen die Atmosphäre in vielen deutschen Häusern, wo ein Sättigungsgang - warm und reichlich - genügen muß. Die Bitte nach einem Weinkühler löst Ratlosigkeit aus und der Bedienung sieht jeder die liederliche Bezahlung an. Es gibt wahrlich noch genug Gründe für eine Flucht ins Elsaß. Nur fallen jene Romantiker bös auf die Zunge, die glauben, der Herrgott kocht dort persönlich - und billig.

G E R A N I E N - auch wenn es den Anschein hat, sie wachsen an der Weinstraße (route du Vin) nicht wild aus den Weinfässern. Sie wurden absichtsvoll gepflanzt und in speziell dafür gefertigte Vorrichtungen vor die Fenster eines jeden Hauses gehängt. Dazwischen äugen sie aus Schubkarren, lugen zwischen Wagenrädern, Milchkannen u. anderen Gegenständen hervor, und sind überall dort, wo man diese Spezies nie vermuten würde. Kurz, die Geranie ist zur Zeigerpflanze für romantischen Boden geworden. Die größte Geraniendichte wurde in Riquewihr gesichtet. Riquewihr liegt damit auf Platz eins der Hitliste, dicht gefolgt von Turckheim und Ribeauvillé.

Ribeauvillé wagte letztes Jahr noch einmal einen mutigen Vorstoß auf Platz zwei, der wurde aber wegen unbepflanzter Milchkannen abgeschmettert.

Weit abgeschlagen dagegen die Winzerorte südlich von Eguisheim. Eguisheim konnte sich auf Platz 5 noch wacker behaupten. Doch Rouffach, Soultz und alle anderen Weiler im Süden, die sich ebenfalls noch zur Weinstraße zählen, haben einfach zu wenig Phantasie in Bezug auf mögliche Geranienpflanzorte bewiesen. Geranienmäßig ganz schlimm wird es weiter westlich, dem Rhein zu, wo die flugplatzgroßen Agrosteppen beginnen, da ist alle Müh vergebens, allerdings wächst da ohnehin bald kein Gras mehr, eher Mehltau, Melancholie oder die Farbe Grau ...

GOURMETMENÜS, langwierige Menüs, an deren verzwickten Speisenfolge wir uns in derselben Nacht nicht mehr genau erinnern können. Außerdem kosten die ehrgeizigen Schöpfungen der großen Köche gerade im überlaufenen Elsaß oft mehr als sie wert sind. Natürlich, auch wir können mitrechnen: die Kaltmamsell, der Sommelier, die Bedienungstruppe und die ganze große Küchenbrigade, die es für die schwierige Zubereitung der Sorbets, Terrinen und Klößchen braucht, alles kostet, bis hin zum Teller- und Gläserwechseln nach jedem Löffel. Nur, wer will das eigentlich noch?

GESUCHT: Der verläßliche Freund, das gute Haus ohne Firlefanz. Einkehren mit einem ordentlichen kleinen Tagesmenu, eine Flasche Rotwein dazu oder ein frisch gezapftes Bier - kariert gedeckte Tische wären nett, muß aber nicht sein - das wärs, damit wären wir auf der Stelle zufrieden. Doch es gibt Probleme: Viele seit Jahren bekannte und früher einmal lobenswerte Adressen sind satt, mehr als satt. Untrügliche Zeichen: Neuerdings gibt es dort zweieinhalb Ruhetage statt einem, im Schuppen ein fetter Geländewagen und der Koch ist mit seinem Kopf schon im Urlaub auf Réunion. Schwere Zeiten für 'den' guten baeckeoffa.

P R E I S E : Alles im Leben hat einen Preis. Den höchsten gewöhnlich all die Dinge, von denen man denkt, sie seien fast geschenkt. Im Detail:

- **Käse** ist billiger als in Deutschland - und besser! Gute Quellen sind immer die Märkte, die Meister im Käsemachen sind natürlich im Text erwähnt. 'Der' Käseladen im Elsaß: *Jacky Quesnot* in Colmar.

- **Fisch**: Ebenfalls billiger als in Deutschland oder gar in der Schweiz. Außerdem ist das Angebot reichhaltiger. Das schönste Fischgeschäft im Elsaß: *Wertz* in Colmar.

- **Brot**: Was sich unsere Bäcker in letzter Zeit erlauben, grenzt an Körperverletzung auf 101 Arten. Sesam und Vollkorn allein reicht eben nicht! Bei unseren Nachbarn gab es auch schon bessere Brotzeiten, aber: es gibt durchaus noch gute Baguettequellen. Wir geben sie preis.

- **Wein**: durchwegs teurer als auf der deutschen Seite. Bevor Sie groß ins Geschäft einsteigen, lesen Sie besser unser Weinkapitel!

- **Restaurants**: Oft locken harmlose Menupreise, doch mit Wein, Schnaps und Kaffee wirds dann ganz schnell unsolid. Die Zahl der Elsaß-Besucher im (deutschen) Markgräflerland stieg in letzter Zeit rapide an - sie wissen warum! Die wenigen ehrlichen, gottesfürchtigen Wirte und Winzer, die nicht habgierig sind, werden im Buch ausführlich und lobend erwähnt, beim Rest dürfen Sie keine Wunder erwarten!

Vorsicht *Ladenöffnungszeiten!*
Ab Punkt 12 Uhr findet das öffentliche Leben nur noch in den modernen öden Einkaufsvierteln statt, der Rest der Welt ist essen gegangen. Am besten schließt man sich an. Dafür sind die Läden dann am Samstagnachmittag meist bis 16 Uhr (oder länger) geöffnet! Große Supermärkte: Mo-Fr oft bis 21 Uhr, Sa bis 20 Uhr.

ROUTES TOURISTIQUES : Fast immer ein Treff der Orientierungslosen, Sammelplatz der Busse. Zu meiden sind besonders die beiden bekanntesten: *Route des Crêtes*, die Kammstraße (von Cernay über den Col du Bonhomme bis nach Saint-Marie-aux Mines), und *Route du Vin*, die sich, allen Reiseführern gehorchend, stets 'von Thann bis Marlenheim durch das hügelige Vorland der Vogesen schlängelt'. Im Vergleich zu diesen beiden wirkt die *route de la Carpe frite* im Sundgau bollengrad und ziemlich verlassen.

SOMMELIER : Ein schwerer Beruf, der irgendwie an den des Maklers erinnert: Wo er auftaucht, wirds gern ein wenig teuer. Ein undankbarer Beruf dazu. Der Sommelier kämpft einsam gegen ein Heer von Edelzwicker-Ignoranten, Bierwänsten und Schnapsnasen. Nichts gegen die Kultivierung des Weingenusses, aber gings nicht auch eine Nummer kleiner? Wo sich der Sommelier schwere Gedanken der Art abringt, welcher Wein überhaupt zur Suppe paßt und welches edle Hochgewächs dem 7. Gang noch eine Krone setzen könnte, verlangt die Meute einfach nach einer sauberen, guten Flasche Wein, ohne dafür ruinöse Preise bezahlen zu wollen. Wir Ignoranten sind doch wirklich zum Verzweifeln!

Einer, der's Predigen nicht mehr ganz so pastoral, freilich noch immer mit erheblichem Ernst betreibt, ist *Jean-Marie Stoeckel, Meilleur Sommelier de France von 1972* und nun Wirt der *Wistub Au Sommelier*, Bergheim. Als Wirt glückte ihm, was manchem Sommelier nicht ganz gelingen will, die Verwandlung von Wein in Edelmetall.

SUPERADRESSE ! Auffallend (freilich nicht nur im Elsaß) ist die galoppierend ansteigende Zahl inflationärer, rüder Gäste, die ohne Geschmack und Benehmen gerade die Gourmetstätten okkupieren. Geld spielt keine Rolle, wir machen den Weg frei, oder - der Genießer als Geländewagen. Oft drängt sich - gerade an den bekanntesten Adressen - das komische Gefühl auf, unter Spesenrittern gefallen zu sein. Die Freude aufs Essen kommt in solcher Umgebung eindeutig zu kurz. Mag die Küche auch mitunter wirklich recht gut sein - sie ist nicht das Objekt unserer Begierde.

V I D E O und kein Ende: In Riquewihr und Eguisheim nimmt die Zahl dieser modernen Prothesenträger dramatisch zu. Derzeit am beliebtesten die Ausgehuniform *Jogginganzug* ergänzt um die Allzweckwaffe Handycam. Der Schmetterlingsfänger von Spitzweg gab sicherlich ein würdevolleres Bild ab. Aber heute gilt eben: Sony, ergo zoom.

W E I N K A R T E N : werden von Gastrokritikern immer wegen ihrer Länge gelobt. 'Dick wie ein Buch' ist tatsächlich als höchste Auszeichnung gemeint. Eine andere Formel "Ganz klar, daß der Weinkeller eine riesige Auswahl als Begleiter bietet: 110 Elsässer Weine, 60 Burgunder sowie 65 Bordeaux." (Elsässer Restaurants, Meininger Verlag). Wir glauben dem Experten, daß er richtig gezählt hat, doch was hilfts, wenn man einfacher Trinker ist, gerne die Tasse schwenkt und unter der ganzen Schlösserliste keines der Gütle kennt. Größte Gefahr ist dann im Verzug, wenn sich der Sommelier nähert (vgl. oben). Was uns neben dem Preis noch stark interessiert, nämlich wieviel Alkohol, Restzucker und Säure ein Wein hat, steht sowieso in keiner Karte (das könnte ja eventuell dem Durchblick informierter Gäste dienen). Unser Rat für den Alltag: Schauen Sie sich die Karte lang und eindringlich an, lassen Sie die Preise auf sich wirken und nehmen dann gelassen *un quart/demi vin ouvert (viertel/halber offener Hauswein), rouge* oder *blanc* - das müssen Sie schon selber entscheiden.

S C H A D E - alles kaputt. All die bequemen Schlaraffenland-Legenden, die allerorts brav heruntergebetet werden und von jedem ordentlichen, deutschen Elsaßführer so brav weitertransportiert wurden. Was bleibt nach all den Scherben?

Wo wir gefunden haben, was wirklich zählt, gibt's die 💡. Sie sagt: Chapeau, chapeau!

■ **Das Prinzip Hoffnung soll auch im Elsaß gelten. Bitte schreiben Sie uns Ihre Entdeckungen (und Reinfälle), das hilft uns allen! Für Verwertbares gibt es ein Freiexemplar aus dem Oase-Programm.**

*Herein,
wenn's denn kein Feinschmecker ist!*

Elsässer Spitzen

agneau -Lamm. Als agneau wird oft auch der zähere Hammel angeboten, der schon ein wenig nach Altkleidersack duftet. Zur Klassifizierung von Lammfleisch: Als *agneau de lait* wird in Frankreich Lamm gehandelt, das nicht älter als drei Monate ist (solange ernähren sich die jungen Lämmer von der Muttermilch, in Deutschland gelten dagegen noch einjährige Tiere als Lämmer, in Frankreich sollten dagegen nur bis max. 6 Monate alte Tiere als *agneau* angeboten werden, sollten. Nach drei Monaten wird das Lamm zum Weidetier, zum *broutard*.

Auch die Bezeichnung *agneau de pays* sollte dem Verbraucher eigentlich garantieren, daß das Fleisch von heimischen Tieren stammt, was von Großanbietern oft durch Lebendimport (z.B. in die imageträchtige Sisteron-Region) umgangen wird. Diese unselige Praktik der Aufwertung durch Transport an einen Markenort ist leider nicht auf Sisteron (wo die besten Provence-Lämmer herkommen) beschränkt, es gibt genug Beispiele aus dem EG-Dschungel, wo durch bloßen LKW-Transport vermeintliche Qualität erzeugt wird: Ein Teil der in Parma gereiften Schinken stammt ebensowenig aus der Emilia Romagna wie manch Schwarzwälder Schinken aus dem Schwarzwald. Die Laster mit den armen Schweinen aus Belgien und dem Güllendreieck im Nordwesten Deutschlands rollen unaufhörlich, es bewegt sich etwas auf unseren Straßen.

Schützen kann man sich vor solchem Schwindel nur durch direkten Einkauf bei einem vertrauenswürdigen Erzeuger. Solche handwerklich solide erzeugte Ware wird aber im Preis nie mit den billigen Ramschangeboten der Großmärkte konkurrieren können, Qualität muß bezahlt werden. (Lämmer gibts jedes Frühjahr bei der Schafkäserei von Mme. Clothilde Frund in CH-Bourrignon, s. 'Sundgau - Südl. Ferrette', rund ums Jahr beim Bio-Metzger Schellenberger in F-Soultz und von einigen selbstvermarktenden Bauern auf den Märkten.)

asperges - Spargel - "Im Mai pilgert man aus dem nahen Basel in Scharen in die nächstgelegenen elsässischen Dörfer, um sich an den frischgestochenen heißen Spargeln, die da im feuchten Rheinufersand wachsen, für ein ganzes Jahr satt zu essen." (Merian 1961). Auch heut wird noch gepilgert. 'Das' Spargeldorf im Großraum Basel heißt Village Neuf; gegessen wird im 'Belle Vue' in Wentzwiller - sehr gut und nicht billig! Die alternative Regel: "Spargel ißt man am besten zuhause!" Übrigens: die Sache mit dem Zucker im Kochwasser ist eine Glaubensfrage und leicht bitter ist auch in Ordnung!

andouille, Schweinswurst aus Kutteln

"Möschten Sie einen *Apéritif*?" - Das ist die erste Schlüsselstelle. Wer hier Angst hat, als Ignorant erkannt zu werden, dienstfertig nickt und womöglich dankend das angebotene Glas Crémant annimmt, hat verloren und bezahlt ganz schnell ganz viel mehr als er eigentlich wollte. Wir stellen gerne und blitzschnell die arglose Gegenfrage: Haben Sie offenes Bier - bière pression?

Baeckoffe, Baeckeoffa - Die Legende: Nach dem Brotbacken in der Früh reichte die Wärme im Bäckerofen gerade noch für die Fleischeintöpfe der Hausfrauen. Oder: Sonntagmorgens wurde er von den Hausfrauen auf dem Weg zur Kirche beim Bäcker abgegeben und auf dem Rückweg wieder abgeholt. Auf jeden Fall hinein gehört: Schwein, Lamm, Zwiebeln, Lauch und Kartoffeln. Das Ganze wird mit Fleischbrühe und Weißwein aufgegossen und mindestens drei Stunden im irdenen! Topf geschmort. Heute überwiegen meist die Kartoffel, einfach bergeweise Kartoffeln. Aber wer will sich denn (außerhalb Gaisburg & Pichelstein) noch mit Kartoffeln und etwas Fleischeinlage den Wanst vollschlagen? Täglich viel und gut - aber auch mit leichtem Kartoffelüberhang: in Kintzheim, Auberge Saint-Martin.

Bibiliskäs, fromage blanc á la paysanne. Der quarkähnliche Frischkäs wird kühl, zusammen mit den Gschwellten (Pellkartoffeln) gegessen oder süß, z.B. mit Zwetschgenkonfitüre gemischt. Haben Sie übrigens gewußt, daß Bibiliskäse aus Rohmilch auf deutschen Märkten nicht einmal angeboten werden darf? Daß die Bestimmungen für (deutsche) Gastwirte so unverschämt rigide sind, daß es in der Zwischenzeit kaum mehr einen gibt, der das Gedicht 'Bibiliskäs und Brägel' noch auf seiner Speisekarte führt?

blanquette, Ragout
brochette, kleiner gebratener Spieß - kann alles Mögliche sein

canard, Ente - Alles, was möglich und gut ist von der Ente (terinne, paté etc.) gibts z.B. auf der Ferme Auberge Rheinfelderhof bei Fessenheim.

carpe frite, fritierter Karpfen begleitet von Mayo - Die Sundgau-Spezialität. Aber nicht immer wird der arme Karpfen so behandelt wie es ihm gebührt: Er sollte ganz frisch sein, kurz vor der Zubereitung nochmal ein paar Tage in quellfrischem Wasser geschwommen sein. Und dann in einer dünnen ! Teig- oder Panitüreschicht gewendet, à la bière, vorzugsweise in Bierteig; à la semoule, Griesteig, würde ihn zu stark austrocknen - hab ich mir sagen lassen. Gemein sind allerdings die soliden Gräten: sofort raus damit! Die Gräte im Hals, Gott verhalts - oder so. Wo die Mayo zum (guten) Carpe frite nicht aus der Tube kommt, sondern selbstgemacht ist: Du Rhin, Chalampé; Wadel, Überstrass.

cerf, Hirsch

champignon, Pilz - dazu zählen nicht nur die Champignonen, sondern alle mögliche Pilzsorten, z.B. *cèpes*, Steinpilze, *chanterelles*, Pfifferlinge. Das schönste Pilzangebot gibt es auf den Märkten, noch wesentlich artenreicher als im Deutschen. Pilze bereitet man so einfach wie möglich zu: frisch gepflückt und gesäubert, nicht zu klein zermessert in den Topf, nur mit Salz, etwas Butter u. Zitronensaft, 15 Minuten gedünstet.

charcuterie, Fleisch- u. Wurstwaren
chèvre, Ziege
chevreuil, Reh
chou, Kohl

choucroute - gibts rund ums Jahr. Im Herbst verkünden Schilder jedoch beaujolaismäßig: 'Nouveau Suurkrut est arrivée'. Den Franzosen fällt halt immer was Nettes ein. Zart, frischsäuerlich und knackig sollte es immer sein, doch beim Zubehör trennen sich die Welten: à l'alsacienne heißt immer: Sauerkraut muldenweise, darüber fette Schweinswürste, Kassler, Schweinsfuß und anderen Schweinereien, manchmal auch Lewerknepfle (Leberspätzle). Ohne die fetten Würste kann Sauerkraut auch ein federleichtes Gedicht werden - und sogar zu Fisch passen! Für Mägen mit Zinkeinsatz gibt es reichlich Adressen, eine leichte Variante: Le Bistrot in Mulhouse.

cochon de lait, Spanferkel
coq au Riesling, Hähnchen in Rieslingsauce
coquillages, Muscheln

courgettes, Zucchini. Die sattgelben fleurs de courgettes sehen nicht nur als Dekoration schön aus, sie schmecken auch sehr gut (z.B. als 'beignets' aus der provençalischen Küche bekannt: die Blüten werden in ganz leichten Teig gehüllt und in Olivenöl gebacken).

crevette, Garnelen, Gambas, Krabben - Die frischesten gibts bei Wertz in Colmar - und nicht mal so teuer wie zuhaus!

crudités, Rohkostplatte - die französische und oft erfreulichere Variante unseres 'bunten Salattellers'. Leider nicht immer frisch angemacht; aber immer mit Weißkraut, Sellerie, Karotten und roten Beeten.

ecrevisse, Flußkrebs
epaule, Schulterstück
épinard, Spinat

escargots, Schnecken
farci, gefüllt
fenouil, Fenchel

Fleischnäcka - wörtl. Fleischschnecken, die Elsässer Lasagne. Hört sich gefährlich an - und ist es oft auch. Fleischroulade in Nudelteig. Leider gerät dabei auch hier der Teig meistens zu dick, die Fleischeinlage fad. Wie viele traditionelle Gerichte eine Nagelprobe, deshalb gilt: wo d'Schnägge schmeckt, da laß dich ruhig nieder, leider s.o.

foie gras, Gänseleber. Kann gut sein, muß nicht. Oft auch nur ein preistreibender Image-Gang - ähnlich wie Trüffel im Piemont oder das legendäre Blattgold bei Gualtieri M. in Mailand. Merke: Bei foie gras, gibt der Preis Gas.

gibier, Wild
gigot, Keule
grenouille, Frosch - und damit verboten

groseille, Johannisbeere - 'das' Johannisbeergelée und andere Weltmarmeladen (Waldhimbeeren) gibts in den Vogesen, oberhalb Orbey, in dem kleinen Bauernlädchen 'Ferme Au Près de Bois'.

Gschwellte, Pellkartoffeln

Gugelhopf, (-hupf) - das Nationalgebäck der Elsässer, im guten Fall ein zartgelber, luftiger Napfkuchen, der angeblich zu allem passen kann. Leider oft eine trockene, bröslige Provokation. Gugelhupf und Elsaß ist wie Bollenhut und Schwarzwald. Tradition oder Unsinn?

Der mit dem *Haeberlin* tanzte ... oder der seine "Kochkenntnisse bei Könnern wie Gaertner oder Loiseau erwarb" oder bei Pic in Valence, Peyrot in Vivarois, oder gar früher in Schiltigheim Küchenchef war. Ein Thema mit vielerlei Variationen, das Abkochen mit Großmeisters Namen, "geh eine Woche zu Dings in Bums, lade danach die Presse ein, hol Tinte, schreibe die Preise neu." Uns würde schon genügen, wenn der so Weitgereiste ein ordentliches Kalbsgeschnetzeltes auf den Teller brächte! Daß dies für die Terrinen und Moussegewöhnten Mehrgang-Künstler oft gar nicht so einfach ist, ist bei einigen Großadressen leicht festzustellen. Wie man sich doch an die Automatik gewöhnt!

huîtres, Austern - Die Transvestiten unter den Meeresbewohnern: je nach Temperatur und Nahrungsverhältnissen wechseln sie nämlich ganz geschickt das Geschlecht. Zu kaufen: am besten wieder beim Wertz in Colmar oder Lang in Mulhouse oder auf den Märkten (ein bretonischer Krustentierwagen mit feinem Angebot macht die Tour auf vielen Märkten zwischen Mulhouse (Sa) und Colmar).

Juli/August: Eigentlich die ruhige Zeit. Wer sichs in Frankreich irgendwie leisten kann, ist um diese Zeit am Meer, in den Bergen oder sonstwo, jedenfalls nicht zuhause. Das Elsaß im Hochsommer ist eine gute Sache für Leute, die eine satte Landschaft in der sattesten Zeit erleben möchten, kaum überlaufene Restaurants, aber einige geschlossen. Hochbetrieb bis zum Anschlag herrscht allerdings in Colmar, in den idyllischen Winzerorten und in den Fermes Auberges.

Kassler, das ausgelöste, geräucherte Schweinekotelettstück, oft auch in Teighülle, Lieblingsgericht der Winstuben. Auch hier gilt: Wie die Sau, so's Kassler.

lapin, Kaninchen
lard, Speck
lièvre, Hase
lotte, Seeteufel - der mit dem häßlich-platten Runzelkopf
loup de mer, Wolfsbarsch

matelote, elsässisches Fischragout - tagesfrische Süßwasserfische (Hecht, Zander, Barsch, Schleien, Aal) in Rieslingsauce angerichtet, feingehackte Schalotten dürfen nicht fehlen. Gut gemacht ein Genuß. Wo die matelote Tradition hat: in den Dörfern des Ried, z.B. in Rhinau, Rest. Au Vieux Couvent. Wer die Fische aus dem Rhein gezogen hat, falls sie von dort stammen: Adrienne Vonarb aus Balgau, der einzige Fischer, der derzeit professionell im Oberrhein fischt (s. 'Übergänge').

Menu du Jour - Die einfachste, unkomplizierteste (und oft preiswerteste) Art, in einem bürgerlichen Haus zu essen. Serviert wird ein täglich wechselndes, kleineres Mittags-Menü (meist 3 Gänge). Ein Mahl, das nicht völlig bewegungsunfähig macht, den Geldbeutel schont und, da vorbereitet, meist schnell serviert wird. Wo es kein solches Tagesmenü (bzw. den kleiner Bruder, die *plat du jour*) gibt, ist Gefahr in Form von erzwungenem Aufwand in Verzug: Wer möchte mittags schon aufwendig à la carte speisen, oder ein langwieriges Menü absolvieren. In einzelnen Häusern ist das Tagesmenü (oder der Tagesteller) nicht extra auf der Standardkarte, man muß gezielt danach fragen. Ein Schelm, der Böses dabei denkt.

miel, Honig
moules, Muscheln (Miesmuscheln, Pfahlmuscheln)
mouton, Hammel
myrtilles, Heidelbeeren

paté, Pastete
perdix, Rebhuhn
pigeon, Taube
pintade, Perlhuhn
plat du jour, Tagesgericht (s.o., menu du jour)
poisson, Fisch
potage, Suppe
pot au feu, Eintopf, hoffentlich mit den guten Stücken vom Rind
poule, Suppenhuhn
poulet, Hühnchen
poussin, Küken

Presskopf, Schweinskopfsülze mit Alibi-Petersilie - steht in den meisten elsässischen Winstuben auf der Karte und schmeckt selten gut.

quenelles, Klößchen
quiche, flacher Kuchen aus Eiern, Sahne, Speck und Käse.

Und jetzt die Werbung: Der Oase-Verlag hat einen Einkaufsführer für die Regio (Markgräflerland, Basel und Südl. Elsaß) im Programm - für die wesentlichen Dinge des Lebens: Brot, Wein, Käse . . . .

rillette, Streichpastete u.a. aus gehacktem, leicht angebratenem Schweinefleisch, dazu kommt Fett und anderes Gekröse. Die Konsistenz von Wagenschmiere ist durchaus erwünscht, Rilette schmeckt meist viel besser als befürchtet.

rognons, Nieren
rougets, Rotbarbe
rôti, gebraten

sandre, Zander. Und irgendwann muß der Spruch ja raus: "Ihnen hängt ein Zander aus der Hose!". Weiterlesen im Buch mit dem derzeit schrägsten Anarchohumor, erschienen im Wiener Falter Verlag, Titel: 'Aus der Toilette kamen Wischgeräusche', Schluß jetzt!

sanglier, Wildschwein
saucisse, Würstchen

Schiffala, geräuchertes und gepökeltes Schweineschulterstück, kommt meist mit Kartoffelsalat. Sie ahnen es, ein Zwillingsbruder vom badischen Schäufele.

semoule, Gries - sehr feiner Couscous. Der Beste (in 2 Körnungen) wird in Mulhouse auf dem Marktstand in der Halle angeboten.

sole, Seezunge, Salzwasserfisch aus der Familie der Plattfische, heute oft ein preistreibendes Standard-Fischgericht in der sogenannten gehobenen Gastronomie.

Stümper - Der einzige Mensch, der im Juli und August mit Genuß auf der Weinstraße reisen könnte. Wie der Stümper dies machen würde und wie wir ohne lange Ausbildung gleich mitstümpern können, steht in einem der wichtigsten Veröffentlichungen zum Thema Reisen seit Goethe: 'Reisen für Stümper', Martin Keune, Thomas Platt, Altamira Verlag, Berlin.

Süralawarla - schriftdeutsch: Saure Leberlein, was sonst. Noch genauer gesagt Kalbsleberstückchen in saurer Sauce. Wie bei vielen vermeintlich einfachen Gerichten liegt auch hier der Teufel im Detail. Wo zu grob geschnitten wurde, hilft keine noch so feine Sauce mehr. Ist die Leber zu dick, bekommt der Gast einen Knick. (Achtung, hintergründig).

Süri Rüewa, Eintopf mit geräuchertem Schulterstück, Eisbein, weißen Rüben, Zwiebeln und Weißwein. Heavy Elsaß!

tête de veau, Kalbskopf in Vinaigrette (Franz Kellers Traum). Leider kommt er meist schlabbrig-weich daher - und in zu öllastiger Sauce. Wo er Biß und Säure hat: Im Sundgau bei Wadel.

tarte flambée, Flammeküeche, Flammkuche - der krachdünne Flammkuchen aus dünnem Brotteig kann eine Offenbarung sein, er kann. Der Aufstrich besteht aus Quark, Rahm, feinen Zwiebelringen, feinen Speckwürfeln (Dickfinger begreift es endlich: Oberfläche = Aroma!), Salz, Pfeffer und Muskat. Der original Flammkuchen wird im Holzofen gebacken, meist erst abends, er muß frisch aus dem Ofen kommen. Brüder, die es ernst und gut mit ihm meinen, haben eine Gesellschaft gegründet: 'La Confrèrie de la Véritable Flammkuche' - wo dieses Schild hängt, ist mit einem hervorragenden, krachdünnen und im Holzbackofen gebackenen Exemplar zu rechnen (hoffen wir).

In vielen Touristenschuppen der Winzerorte lappt der Flammkuchen traurig vom Teller, das Rückrat durch Aufwärmen gebrochen, belegt mit Speckwürflen der Kantenlänge 1 (cm) liegt er im Magen wie Patex. Im Sundgau ist Flammkuchen nicht so verbreitet wie im Elsaß. Der König der Flammkuchen: Mulhouse, Le Cellier (Stadtmitte), auch mittags.

tripes, Kutteln

truite, Forelle - am besten aus den kalten Bächen und kleinen Seen der Vogesen, oder eben aus den Züchtereien im Rheintal. Tagesfrisch und gut bei Adrien Vonarb, Balgau.

veau, Kalb
volaille, Geflügel

Vorsicht *Riesling*! Wolfram Siebeck hat die elsässer Weinstuben überlebt, allein das ehrt ihn. Nach seiner Tour de Riesling hatte er noch genug Sinne beisammen, um darüber, abgesehen vom Siebeck-typischen Hang zum Besserbürgerlichen, ein größtenteils sehr brauchbares Buch zu schreiben. Es wird an anderer Stelle am Buchende gewürdigt. Zurück zum Riesling - wir wissen nicht, was Ihr Hausarzt empfiehlt, wir empfehlen jedenfalls dringend die Lektüre des 'Weinkapitels' am Buchende. Vor dem Kaufen lesen!

Wädele, Schweinshaxe, oft mit Kartoffelsalat und Meerrettich

Der erste Blick

Sundgau

Unaufgeregter Alltag im Hügelland südlich des Elsaß, eine stille Gegend zwischen Vogesen und Jura, zwischen *Mulhouse, Basel und der burgundischen Pforte von Belfort* (insg. 98 000 Einwohner). Reichlich Chancen zu lustvollen Ausflügen ohne Feinschmecker-Druck. Abgesehen vom Chemiegürtel am Rheinufer und der 'Agglomeration' um Basel und Mulhouse blieb noch erstaunlich viel bäuerliche Feld- und Wiesenlandschaft übrig; mit würdigen alten Streuobstbäumen, gepflegten Fachwerkhäusern und ordentlichen Dörfern mit Kirchturm. **Bestens geeignet auch für Elsaßgeschädigte und Luxusmüde.**

■ Im Bannkreis von Basel blieben allerdings wenig Oasen übrig, oft sind die Gasthäuser dort einfach zu teuer, im besten Fall mittelmäßig, oft nur noch schlecht. Wer weiter ins Sundgau hineinfährt, findet noch ein paar nette Adressen - dicht sind sie auch hier nicht gesät, denn - wer einen schnellen Franc verdienen möchte, arbeitet bei den Großen, bei der Basler Chemie oder in den Peugeot-Werken ...

Vogesen

Wanderungen mit Fernsicht und immer wieder eine *Ferme Auberge* - im besten Fall ein Bauernhof mit einfacher, traditioneller Bewirtung, (wie Melkermahlzeiten s.u.) und z.T. einfachen Quartieren, im schlechteren primitive Supermarktware vor romantischer Kulisse.

Probleme kanns in den Vogesen eigentlich nur mit dem Wetter geben, das Gebirge ist während Schlechtwetterlagen eine exponierte, kalte und feuchte Insel. Besser ist die Lage allerdings an der windabgewandten Ostseite, also in den Tälern zu den Winzerdörfern hin, denn dort sind die atlantischen Wolken schon abgeregnet. Auf den Kämmen und im Westen regnet es sogar im Sommer häufig und mit Nebel und Wind ist dort rund ums Jahr zu rechnen.

Der Winter fängt in den Höhen schon Ende November an und dauert oft bis in den Mai. Aber dann beginnt die schönste Wanderzeit - von Mai bis Ende Oktober haben auch die meisten *fermes auberges* geöffnet.

- ACHTUNG: Ballon- und Paßrouten (*route des crêtes*): Sie gehören den arg zahlreichen Touristen-Bussen, den phantasielosen unter den Motorradfahrern und jenen Besuchern, die sich gerne die Füße auf dem Parkplatz vertreten und Kaffee mit Aussicht trinken! Während den Sommermonaten unbedingt zu meiden.

Rebland

Das bukolisch, barocke Elsaß. Das Land, in dem die Geranien blühen. Die Romantikzone, in der jedes Haus einen Winzer birgt. Die heile Kulisse beginnt bei Thann, weitet sich bei Guebwiller aus und führt über 100 km nach Norden, bis auf die Höhe von Marlenheim. **Die Route du vin läßt keines der ganz arg hübschen Winzerdörfer aus.**

Allerdings haben die 'Perlen' wie *Eguisheim, Riquewihr, Ribeauvillé* und *Turckheim* jeden ursprünglichen Charme, alle Natürlichkeit schon lange verloren - sie sind zur Kulisse für ein schlechtes, allerdings routiniert dargebotenes Varieté geworden.

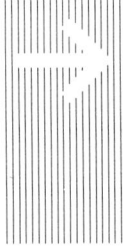
Überlassen Sie das Theater lieber kampflos den großen Bussen. Ruhige Reisezeit und Chance zu erträglichen Streifzügen: Die Zeit nach der Weinlese ab Ende Oktober, der Winter und die Zwischensaisonzeiten bis Juni, dann sind allerdings auch viele Häuser geschlossen oder garstig leer.

Rheintalgraben

Die Realität holt uns ein. Die ganze Ebene zwischen Rhein und Vorbergzone ist großflächig verhunzt. Einzelne knorrige Nußbaumalleen durften noch stehenbleiben, da und dort strahlt - wie eine Insel - eine bezuschußte Edelsanierung. Dennoch, der Gesamteindruck bleibt trist. Die Felder sind zu endlosen Maisflächen ausgewachsen und erinnern in ihrer trostlosen Monotonie an die ausgeräumten Agrarwüsten der neuen Bundesländer. Die Dörfer wurden zu zweckmäßigen Schlafsiedlungen, deren Kerne verfallen, während die Speckgürtel der Neubausiedlungen weiter ins flache Land wuchern.

Das Elsaß hat bei uns einen guten Ruf als Feriengebiet - was für das Rebland und die Vogesen auch zutrifft. Doch bleibt es bei der hierzulande gerne verschwiegenen Tatsache, daß das Elsaß für das französische Geographieverständnis nunmal im kalten Nordosten liegt und zu den **klassischen Industriegebieten zählt**, die noch weiter stark wachsen werden. Ohne viel Probleme mit Gewässer- und Landschaftsschutz breiteten sich an den Ufern des Rheins Kraftwerke, Chemiefabriken, Aluminiumwerke, Glasfabriken und andere, großflächige Industriezonen fast ungehemmt aus.

Allein im südlichen Ober-Elsaß (Region Haute-Elsaß) gibt es 12 Industrieanlagen und Müllöfen, die im Störfall als besonders gefährlich eingestuft werden und europäischen Seveso-Direktive unterstellt sind, darunter z.B. der Komplex *Rhône-Poulenc* in Chalampé. Weiter im Süden (um St. Louis, Village Neuf, Bartenheim) wartet das öde, flache Brachland auf zügige Bebauung und schon jetzt sind schnell hochgezogene Schachtelfabriken breit übers Land verteilt.

Für manche Brache ist die Planung bereits abgeschlossen, die Planierraupen waren schon da und bald werden auch hier Büroflächen stehen. Besonders rege Bautätigkeit ist für das gesamte Gebiet zwischen Mulhouse und Basel zu erwarten, weil hier bei hohen deutschen und schweizer Bodenpreisen am billigsten zu bauen ist. Zwei neue Industrie- und Dienstleistungszentren am internationalen Flugplatz Basel-Mulhouse sind bereits projektiert.

Das auffällig großzügig ausgebaute Straßennetz sorgt wenigstens dafür, daß man zügig weiterkommt. Sie dürfen im flachen Rheintal zwischen Breisach und Basel also keinesfalls jene heitere Ferienlandschaft oder Winzeridylle erwarten, die ein paar Kilometer weiter im Westen, im Rebland beginnt.

- Die sehr vereinzelten Oasen entlang des Rheines finden Sie im Kapitel 'Übergänge'.

Unterkommen

Gut bürgerlich schlafen

Logis de France

Unter dem grüngelben Kaminsymbol haben sich innerhalb ganz Frankreich kleinere, oft von der Besitzerfamilie persönlich geführte Hotel(-Restaurants) der preiswerteren Kategorie (meist * und **-Sterner) zusammengeschlossen - fast immer ein zuverlässiges Zeichen für solide Unterkünfte und Restaurants. Zu *Logis de France* gehören aber nur Häuser, die bereit sind, für ihre Mitgliedschaft auch zu bezahlen, für kleinere Häuser ist dies nicht immer rentabel. Wo das Symbol fehlt, darf man also keine mäßige Qualität unterstellen.

Logis de France d'Alsace bringt jährlich ein Heft heraus, mit Farbfotos der Betriebe, der aktuellen Preisliste und der Kategorisierung nach Komfort, Lage etc.. Erhältlich beim frz. Verkehrsbüro, in frz. Buchhandlungen, in Basel und Freiburg und in den Häusern, die zur Kette gehören. Oder bei folgender Adresse:

Associations Départementales des *Logis de France* Bas-Rhin et Haut-Rhin, 2, Ave. de l'Energie, F-67800 Bischheim
Tel. 88.83.18.02, Fax 88.83.49.95

- **Bei den im Buch genannten Hotels ist eine evtl. Logis de France-Zugehörigkeit sowie die Klassifikation (in *-Symbolen) angegeben.**

Mehr Luxus: Noblere Häuser finden Sie besternt und begabelt im roten *Michelin France* - am schönsten gelegen sind die Häuser mit rotem Schaukelstuhl, grüner Bank und Sonnenschirm. Wann immer ein Haus im Michelin erwähnt wird, ist der dazugehörige Ort auf der entsprechenden Michelin-Karte (Nr. 87) rot unterstrichen.

■ Im Sundgau sind Hotels rar, alle interessanten Adressen stehen in diesem Führer - falls wir ein Haus übersehen haben, bitte melden - Danke!

HOTELGEFAHR I: *Das Hotelfrühstück* fällt - wie in den romanischen Ländern üblich - in den meisten Hotels sehr karg aus (Marmelade aus dem Plastiknäpfchen, bei großem Glück ein frisches baguette, sonst eben vorgetrocknet. Für das gute Frühstück bekannt: Auberge de Froeningen (7 km südwestlich Mulhouse). Besser: Frühstücken in der Bar um die Ecke.

HOTELGEFAHR II: *Weiche Betten.* Dagegen ist in Frankreich kein Kraut gewachsen. Selbst in teureren Häusern können Sie auf hundsliederlichen Matratzen (rein)fallen. Einziger Ausweg: Probeliegen und leise Adieu sagen, bevor es die Wirbelsäule sagt.

Ferienwohnungen und Campingplätze

Gîtes de France

Grün-gelb-rot (ähnlich den Logis de France) ist das Zeichen für die *Gîtes*. Darunter zählen Ferienwohnungen (fast ausnahmslos auf dem Land, zum Teil auch auf Bauernhöfen) und Campingplätze. Jährlich erscheint das Heftchen *Vacances en Gîtes de France/Haut Rhin* (wie bei den Logis mit Preisangaben, Farbfotos und genauer Adresse). Erhältlich im elsässischen Buchhandel oder bei folgender Adresse:

Maison de Gîtes de France
35, rue Godot-de-Mauroy, F-75009 Paris
Tel. (0033)16.1.47.42.25.43 (Mo - Sa von 10 - 18.30 Uhr)

Zurück zur Natur

Fermes Auberges

Bergbauerngasthöfe mit einfachen Zimmern sind in den verschiedenen Ferme Auberge-Führern (s. Literatur) gelistet, außerdem gibt die *ferme auberge*-Organisation einen eigenen Führer (auch auf deutsch) heraus: *Guide des Fermes Auberges*. Alle Fermes sind darin bunt abgebildet, mit kurzer Beschreibung ihrer Lage, ihres Angebots und der Zufahrt. Auf der Übersichtskarte sind die einzelnen Fermes eingetragen. Erhältlich im Buchhandel oder bei der Organisation direkt:

Association des *Fermes-Auberges* du Haut-Rhin et Depart. Limtrophes
B.P. 371
F-68007 Colmar CEDEX
Tel. (0033)89.23.21.11.

Radfahren

Die Grobeinteilung: Im Elsaß gibt es drei sehr unterschiedliche Fahrradgebiete - für drei Arten von Fahrradfahrern (bei der Anzahl verschiedener Rädern, die mittlerweile auf dem Markt sind, eher eine zurückhaltende Klassifizierung):

VERBISSENE BERGZIEGEN sind zäh, deshalb schinden Sie die **Paßstraßen der Vogesen** hinauf, mit Vorliebe natürlich die Route des Crêtes oder Teile davon. Das größte Glück liegt nicht auf dem Gipfel, es kommt danach: das ebenso verbissene Überholen von Ausflugsbussen und Wohnwagengespannen. Für diese Terminatoren-Touren reicht die ausgezeichnete Michelin-Karte 87, auf ihr sind alle Überschreitungen eingezeichnet.

UNVERBESSERLICHE ROMANTIKER scheuen weder den wogenden Tourismus, noch die miese Gastronomie: sie radeln oder holländern entlang der **route du vin**. Gelassen hügelig bis Colmar, schwitzend oder schiebend zwischen Eguisheim und Voegtlinshofen, ausrollend bis Thann - immer mit Blick auf die Reben. Für diese Ausflüge reicht auch die 87-er Karte, außerdem gibts noch jede Menge Literatur (größtenteils überflüssig) in den Buchhandlungen, schauen Sie in der immer größer werdenden Ecke der 'Radführer' nach.

VOM ELSASS ENTTÄUSCHTE und die schweizer Anrainer ziehen sich mit Vorliebe in den **Sundgau** zurück, weil ruhig, hübsch und nur zart hügelig. Radfahren im Sundgau - das hat was mit Genuß zu tun. Fix von einer Gartenwirtschaft in die andere flitzen, immer guten Hungers und nie gelangweilt - die entspannte Sundgaulandschaft eignet sich dafür ausgezeichnet. Nach alter Radlerart mit wohlgefülltem Vespersack, der Apfel immer dabei - oder mit der Gewißheit, um die Mittagszeit ein nettes schattiges Fleckchen zu finden (da können wir helfen!).

WO? Südwestlich Altkirch wird es zwischen den Karpfenweihern flach, im französischen Jura südlich Ferrette gibts ein

Radfahren im Sundgau

Ins Sundgau rollen: auf dem Rheinsträßchen D 52 von Chalampé über Kembs - Sierentz - Wahlbach - Altkirch (42 km)

Nördlich ALTKIRCH ist Mulhouse zu spüren: viel Verkehr, viel Beton. Die Ausfallstraßen Altkirchs sind in allen Richtungen stark befahren.
Die Erlösung vom Verkehr: Durchs Hundsbachtal östl. Altkirch (Tagsdorf, Jettingen, und weiter Richtung Folgensbourg). Durchs Largtal im Westen - ins Land der Karpfenteiche, Richtung Ueberstrass.

Um FERRETTE:
Nach Süden, in den stillsten Winkel, wo sich der Jura sehen läßt. Nach Osten, ins Land der Gartenwirtschaften.

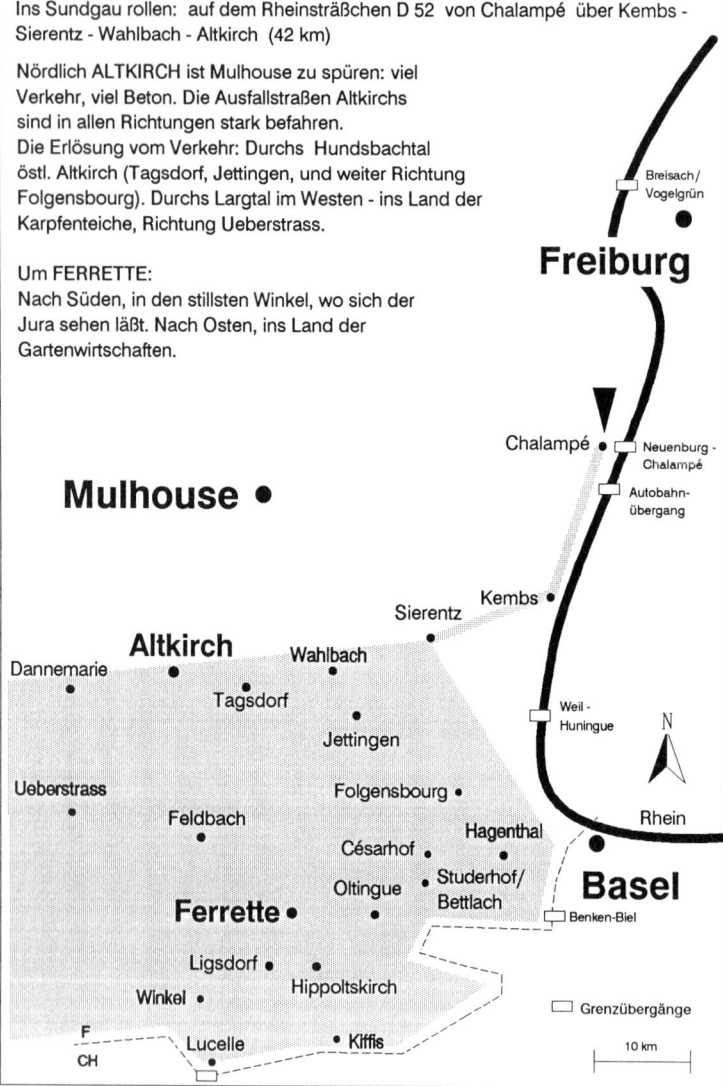

paar fordernde Höhen, aber nichts langanhaltend Gemeines. Die größte Plage kommt gleich in Ferrette, der 18%-Anstieg unterhalb den Burgruinen, Richtung Sondersdorf, Hippoltskirch. Und von Hippoltskirch nach Kiffis gehts beständig bergauf ohne Pause. Zur Erholung gibts hinterher eine schattige ebene melancholische 7,5 km-Strecke bis Lucelle. Und Lucelle-Ferrette ist angenehm wenig befahren und abwechslungsreich. Das war jetzt schon fast eine Radtour.

GEFAHREN

Zu meiden sind: wie überall natürlich die stark befahrenen Straßen, dazu gehören fast alle auf den relevanten Michelin-Karten (87, 66) rot eingezeichneten - mit Ausnahme der oben gelobten *D 41* von Ferrette über Winkel nach Lucelle.

VELOfahrer - (die schweizer Variante der Radfahrer) treten im ganzen Elsaß auf. Im Sundgau, entlang der Grenze, fallen an einem sonnigen Sommerwochenende und an Feiertagen ganze Hundertschaften ein, immer auf der Suche nach einem netten Beizlein. Sie tragen Neonkleidung und ärgern sich über die Autofahrer. Große Vorkommen wirken landschaftsverändernd.

- Die schönsten Gartenwirtschaften stehen auf Seite 80.

- Nähere Angaben zu Hotels/Restaurants siehe Ortstext 'Sundgau'.

Wandern

- Die VOGESEN - Das ideale Gebiet für entschlossene Wanderer. Beinharte Gesellen, die mal wieder die Riemen des Rucksackes spüren wollen, können hier noch ihre wohlverdiente Einsamkeit finden und das Herbergenglück - in den den herb-sättigenden Münsterkäse-Einkehren, den *Fermes Auberges* (z.T. mit einfachen Übernachtungen).

- Die Beine vertreten in der VORBERGZONE: Charmant und im Sommer und Herbst vielbegangen sind die kürzeren Ausflugswege entlang der Route du vin - mit weitem Blick übers Rheintal und auf die Rebhügel.

- Und wieder lockt natürlich der hügelige SUNDGAU - mit gut ausgeschilderten Wanderwegen: Im Frühling und Herbst am schönsten im aussichtsreichen Obstbaumland zwischen Basel, Ferrette und Altkirch. Im Sommer in den erfrischend schattigen Wäldern der letzten Juraketten um Ferrette und den Glaserberg.

- Für Langstreckengänger gibt es den *Interregio-Wanderweg* rund um Basel, von Rheinfelden über Kandern, Neuenburg, Altkirch, Ferrette, Liestal und wieder an den Ausgangspunkt, nach Rheinfelden, zurück. Der Weg ist immer mit dem Schildchen 'Interregio-Wanderweg' markiert. Eine grenzenlose Ko-Produktion vom Interregio-Verein Basel, Schwarzwaldverein und dem Vogesenclub. Unter dem Motto: "Mögen die Grenzen durchlässig sein und der Friede erhalten bleiben in dieser gesegneten Landschaft" (Schwarzwaldverein Lörrach e.V.) durchmessen wir die Lande.

Ein Heftchen mit knapper Wegbeschreibung der verschiedenen Wanderabschnitten ist gegen eine Schutzgebühr von 1 Mark erhältlich beim Schwarzwaldverein, Rathausgasse 33, 7800 Freiburg - oder bei der Schweizer Arbeitsgemeinschaft für Wanderwege, Im Hirshalm 49, CH-4125 Riehen.

- **Wander- und Radtourenführer** gibt es mehr als genug, die Buchhandlungen platzen aus allen Nähten. Aber mindestens so wichtig wie blumige Touren-Beschreibungen ist gutes Kartenmaterial:

- **Wanderkarten** - Vom *Club Vosgien* gibt es fürs südliche Elsaß folgende Blätter (alle im Maßstab 1 : 50.000): *Sundgau*; *Thann-Guebwiller*; *Colmar-Munster-Gérardmer-St.Dié*.
Erhältlich im Buchhandel oder direkt bei der Geschäftsstelle vom *Club Vosgien*, 16, rue Ste-Hélene, F-67000 Strasbourg.

Auskünfte

Prospektmaterial und Hotelverzeichnisse bei den Vertretungen des Staatlichen Französischen Fremdenverkehrsamts:

D-6000 Frankfurt/M., Kaiserstr 12, Tel. 069/740551
D-4000 Düsseldorf, Berliner Allee 26, Tel. 0211/80375
CH-8000 Zürich, Bahnhofstr. 16, Tel. 01/2113085
A-1030 Wien, Landstrasser Hauptstr. 2, Tel. 0222/757062

- Fast alle Orts- und Straßenangaben im Buch orientieren sich an den beiden Michelin-Karten Nr. 87 (Vogesen-Elsaß) und Nr. 66 (Dijon, Besancon, Mulhouse), den besten Karten zur Region. In Frankreich für 9.20 FF zu haben.

Telefonieren

Innerhalb Frankreichs (mit Ausnahme von Paris) gibt es keine Vorwahlnummern, es genügt die achtstellige Nummer.
Anruf vom Ausland nach Frankreich: 0033 und Nummer
Von Frankreich nach Deutschland: 19, Summton abwarten dann 49, deutsche Vorwahl ohne Null, Nummer des Teilnehmers. In die Schweiz: 19 - 41; nach Österreich: 19 - 43; und weiter wie oben.
Die Telefonnummern im Buch sind ohne Vorwahl angegeben.

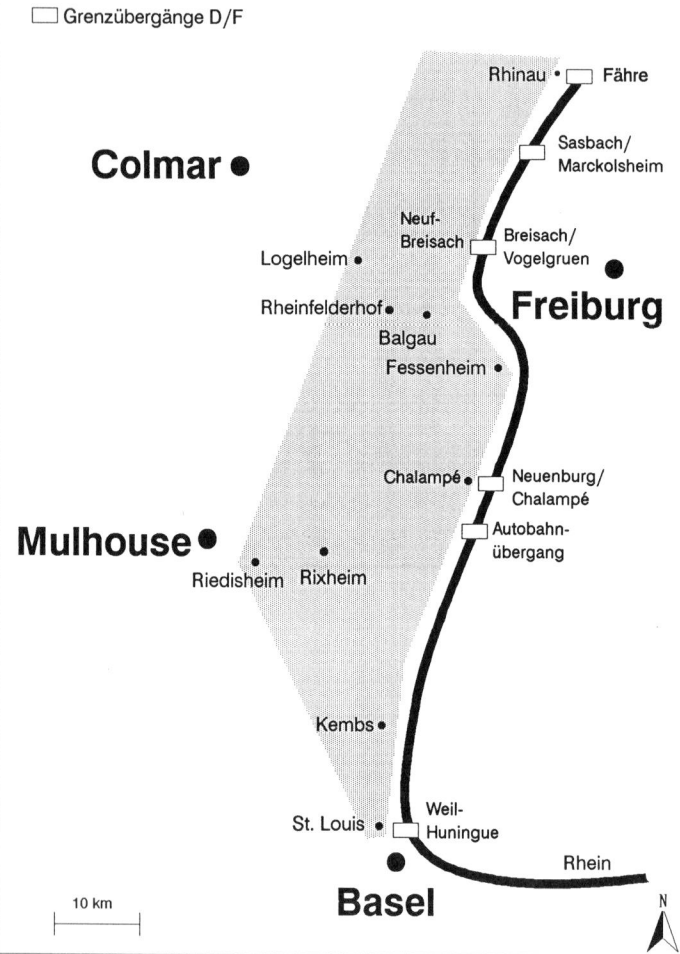

Von Norden nach Süden (33 km südlich Straßburg):

Grenzübergang Rhinau

Die beiden Weltkriege haben wenige Rheinübergänge übriggelassen - zwischen Straßburg und Mülhausen gibt es nur zwei Brücken - der Grenzübergang Rhinau ist auf (Auto-) Fährbetrieb angewiesen: vom 1. März bis 31. Okt. wochentags 6 Uhr - 20 Uhr, Sa, So, Feiertags von 6.30 bis 22 Uhr; vom 1. Nov. bis 28. Februar nur bis 19 Uhr. Bei Nebel verkehrt die Fähre nicht.

Das Ried - eine flache, früher amphibische, heute entwässerte Landschaft vom Rhein bis an die Ill - hat wenig Attraktionen, keine landschaftlichen Höhepunkte u. keine idyllischen Örtchen. Aber ein paar kleine Fluchten aus dem Alltag sind möglich ...

Fisch bis zum Abwinken

Früher, als sich die Lachse noch im Rhein tummelten, war der rote Räuber eher Last als Versuchung. Höchstens 4mal pro Woche Rheinlachs! Das wurde dem Küchenpersonal per Arbeitsvertrag noch vor zwei Generationen in den besseren Häusern garantiert. Das Problem mit dem Rheinlachs hat sich in der Zwischenzeit bekanntlich gelöst. Heute stehen Fischgerichte aber immer noch ganz oben auf den Speisekarten, gerade im Ried - und von Rhinau bis Neu-Breisach reihen sich einige Fischrestaurants: in Rhinau das sehr feine *Vieux Couvent*; in Biesheim die bodenständigere Version *Aux deux Clefs* (Groff) - s.u..

Für die *matelote*, die klassische elsässer Fischplatte (Ragout aus Süßwasserfischen in Weinsauce) kommt der Hecht, Zander, Barsch, Schleie und Aal allerdings selten aus den Altrheinarmen, in denen nun wieder gefischt werden darf. Ob Sie's glauben oder nicht, neueste Wasserproben zeigen, daß das Rheinwasser nicht stärker belastet ist als andere Fischgewässer, in denen professionell gefischt wird. Der Rhein-Fischer ist aber immer derselbe - es gibt nur einen im ganzen Oberelsaß: Adrien Vonarb aus Balgau (bei Fessenheim).

- Restaurant *Au Vieux Couvent*, direkt am Kanal, am Quai de Pêcheur. Eigentlich müßten hier alle Vorsichtsglocken läuten - reichlich Blech am Eingang: Diners Club, Maison Recommandée, Le Bottin Gourmand, u.s.f., Die einschlägigen Feinschmeckerzeitschriften haben das Haus verdächtig oft abgefeiert. Auch auf der Speisekarte springt uns sofort eine ehrfurchtheischende 'Symphonie de Raviolis sauce Homardine' entgegen. Verdachtsmomente reihen sich, die übliche Poesie der Speisekarten, der überzogene Krustentierkomplex, die sehr elegante Inneneinrichtung, die anstrengende französische Tapisserie - Abzocken, durchzuckt es einen blitzschnell; schon wieder ein Ort, der Verachtung verdient? Dennoch, auch nach langen und leidvollen Elsaß-Erfahrungen sollte man lernfähig und offen bleiben. Der Lohn: eine neue Adresse. Es lohnt sich, das kleine, romantische Rheinsträßchen hinaufzufahren (s.u.) und alle Zeichen, die normalerweise Verderbnis anzeigen, können trügen. Eine Sache ist zudem stets für positive Überraschungen gut: der Koch ist Autodidakt! Im alten Konvent kocht ein gelernter Elektriker schlicht und einfach sehr gut. Schwere elsässer Platten (Ententerrine, Schweinsfuß, gefüllte Kalbsbrust) und federleichte Anrichtungen wie Steinbutt in Senfsauce. Madame kommt aus Italien, daran erinnert die Symphonie von Raviolis in Hummersauce. Nicht zu vergessen: die beste *matelote* des Elsaß - mit original Rheinfischen (s. dazu auch 'Balgau') und ausgezeichnete Desserts. Angesichts der Leistung sind die gehobenen Preise (Menu 150 - 400 FF) angemessen. 1992 gabs einen Michelin-Stern, keiner weiß, was nun geschieht. Restaurant Au Vieux Couvent, 6, rue des Chanoines, Diabend, Mi Ruhetag, Ferien im Juli. Tel. 88.74.61.15.

Die Namensgeschichte: das Haus war ein Kloster und stand ursprünglich auf einer Insel im Altrhein, bis das Hochwasser kam. Seither steht es in Rheinnähe, fast in der Ortsmitte von Rhinau, an der Brücke am Brunnwasser.

- Die schlichte Alternative: Hotel-Restaurant *Au Bord du Rhin*. Vorne im gut besuchten und solide verqualmten Tresenraum herrscht immer gelöste Stimmung und dicke Luft. Weiter hinten wird serviert: ebenfalls *matelote*, die Spezialität des Hauses (mind. 2 Stunden vor dem großen Hunger tel. bestellen - ab 2 Pers.). Zum besseren Teil der Karte zählen auch Hecht bzw. Zander, beide auf den Punkt gegart, allerdings mit faden Dampfkartoffeln. Wenn sich mehrere zusammentun, wird der Zander als ganzer, imposanter Fisch serviert, Die üppige (passierte) Fischsuppe ebenfalls einen Versuch wert. Bei allen anderen Gerichten beginnt die Lotterie: die Seezunge elastisch wie ein Badeanzug, mit eingedickter Mörtelsauce; die Ente Tage zuvor gegart und mehrfach gewärmt, das Lamm, der Salat - ach ja ...

Trotzdem: bemerkenswert preiswerte offene Weine und günstige Menupreise (ab 50 FF). Viele Adressen dieser unkomplizierten Art gibts nicht mehr im Elsaß! Außerdem stimmt die Atmosphäre - jedenfalls für alle, die nicht rauchempfindlich sind. Bemerkenswert der gekonnte Service des lässig, flinken Obers im weißen Kittel, der demnächst wohl den 10.000sten Hecht aus den Gräten schlägt. Am späteren Abend verlagert sich die Energie im Service allerdings deutlich in die gesellige Richtung, Herr Ober wird dann gerne sein eigener Gast. Nur alte Stammgäste gleichen solche Verwandlung durch das anderswo tabuisierte Kneifen in die faltige Bauchgegend aus. Vor Nachahmung wird gewarnt! Fazit: Als Gesamterlebnis durchaus einen Versuch wert, beim Speisen sollte man sich auf die Fischgerichte beschränken, evtl. zu mehreren ein ganzes Teil ordern.

Außerdem: einfache Zimmer (Dozi zwischen 200 und 250 FF, für Unerschrockene: Halbpension 300) - ein guter Ausgangspunkt, um das Elsaß von der Grenze her aufzurollen. Restaurant/Hotel Au Bord du Rhin, 10, route du Rhin, Tel. 88.74.60.36, RT: Mo-abend, Di.

- Idylle am Kanal: Nur 4 km westlich von Rhinau wird bei **Boofzheim** der Rhein-Rhône Kanal erreicht. Direkt am Wasser das Gasthaus *L'Ancre*. Traditioneller Gastraum mit maritimen Zutaten, bürgerliche Küche (Menü um 90 FF), angenehm für ein paar Stunden Provinz. Oder zum Warten auf die Fähre (Anlegestelle vor dem Haus), die auf dem Kanal bis nach Straßburg rein fährt.

Abheben mit Siebeck

Ganz entspannt im Elsaß

Wer nicht mit der Fähre kommt, nimmt am besten das **idyllische Rheinsträßchen D 20**, um in die Region bei Rhinau zu gelangen. Die Trasse führt auf der Höhe von Lahr über Rhinau nach Markkolsheim. Herr Siebeck fährt voraus: "Es ist eine Fahrt durch eine andere Welt. Links, neben oder unter mir der Damm, der das Land vor Überschwemmungen schützt, rechts Bäume: Nussbäume, Buchen, blühende Weißdornhecken, Kastanien, wilde Kirschen; das helle Grün der Birken, das dunkle der Kiefern und Fichten, anonyme Büsche und Hecken, alles durcheinander - mit einem Wort, die sich selbst überlassene Natur." Der Mann hat recht. Es ist wirklich eine sehr schöne, zur Sommerszeit richtig bukolische Landpartie. Allerdings endet der Traum bei Marckolsheim und wird da und dort immer wieder von der ganz realer elsässer Industrie unterbrochen. Von Zitronensäurefabriken (igitt, bei Marckolsheim), von den riesigen Peugeot-Halden westl. der Romantikmeile, ebenso wie von den XL-Kreuzungen, die bereits den Verkehr 2000 ahnen lassen.

Trotz solcher Irritationen, wer seine Zugänge zum Elsaß klug wählt, wird tatsächlich getragen vom Rückenwind ländlicher Idylle, und so folgen wir nochmals Herrn Siebeck: "Deshalb führt die D 20 - führen alle Straßen ins Elsaß - geradewegs auf die heitere Seite des Lebens. Es sind Straßen des Glücks" (weiterlesen im Merian-Heft). Romantiker sind wir im Grunde unseres Herzens ja alle, trotzdem der Rat: Denken Sie an die Bodenhaftung, fahren Sie ab und zu mal eine andere Straße!

Z.B. die Querspange Breisach - Colmar: Wer von deutscher Seite über den Kaiserstuhl anfährt (sehr lohnend: Bötzingen - Ihringen - Breisach), erlebt noch den halbwegs unbegradigten Zustand, wo sich die Strecke nach der Landschaft richtet. Eine Bresche für die direkte, bolzengerade Verbindung Freiburg-Breisach wurde noch nicht geschlagen! Aber gleich nach der Grenze ändert sich dies: Die *N 415* beginnt - und damit eine schnurgerade Schneise mitten durch den monotonen Kastenwald. Südlich von Neu Breisach mahnen Schilder mit der gerade aktuellen Bilanz der letzten Unfallopfer, sie sollen die Hirnlosen von ihrer Raserei abhalten. Auch hier ist Elsaß.

20 km nördlich Breisach

Grenzübergang Marckolsheim

Mais und die Folgen

Zwischen Herbst und Frühjahr verwandeln sich die nordelsässischen Wiesen zwischen Ill und Rhein Tage oder Wochen lang in flache Seen, an manchen Stellen bis zu einem Meter tief. Wenn sich im Frühjahr dann langsam wieder die Wiese zeigt, wächst das Gras wie frisch gedüngt. Davon werden zwar die Kühe satt, nicht aber die Bauern. Denn 60 Pfennig pro Liter zahlt die Molkerei und das ist verdammt wenig.

Deshalb wurden und werden die Riedmatten von den meisten Landwirten umgepflügt und für den Maisanbau hergerichtet, der etwas mehr Geld verspricht als die grasenden Kühe. Um die vergleichsweise umweltgerechte Beweidung des Rieds wenigstens in Teilen zu erhalten, gibt es nun eine 450 Mark-Subvention pro ungepflügtem Hektar Ried. 2000 Hektar ursprüngliche Riedlandschaft sind noch übriggeblieben. Auf dem größeren Rest der umgegrabenen Riedfläche dehnen sich aber endlose *Maisfelder*, die im Sommer fast täglich von den gigantischen, spinnenfüßigen Bewässerungsanlagen berieselt werden müssen, denn der kiesige und sehr durchlässige Boden der Rheinebene braucht viel Wasser.

Die Mais-Mono-Kultur laugt den Boden aus und die Stickstoff-Düngung mit schnell löslichen Mineraldüngern vergrößert das Nitrat-Problem im Grundwasser von Jahr zu Jahr. Außerdem werden ohne Einschränkung Herbizide gespritzt. Die Probleme, die der nicht-biologische Weinbau mit sich bringt, und über die so viel geredet wird, schrumpfen gegenüber dieser Form der Intensivkultur fast zum Nebenschauplatz.

- In **Muttersholtz** (ca. 7 km östl. Sélestat) hat ein Bauer ausnahmsweise einmal nicht in das grenzüberschreitende Klagelied der Landwirte eingestimmt. Statt fotogen Mist in Straßburg abzuladen, entschied er sich fürs Nachdenken. Remy Meyer hat auf den üblichen Maisanbau verzichtet: Auf seinen fast 60 Hektar Ried grasen 80 Kühe, die Milch liefern für den *Tomme Près du Ried,* einen ausgezeichnet frischen Rohmilch-Hartkäse. Den Käse stellt Meyer nicht selbst her, dafür bleibt bei 80 Kühen keine Zeit mehr. Ein Käser in der Nachbarschaft arbeitet mit ihm zusammen und die beiden haben geschafft, wovon viele nur träumen können: wöchentlich werden aus ca. 2000 l Milch 200 kg Käse hergestellt - und direkt verkauft. Remy Meyer könnte sogar noch mehr verkaufen, die Nachfrage nach dem Tomme Près du Ried hat ihn selbst überrascht. Man darf den Glauben an die Menschheit nicht verlieren!

- **Baldenheim,** 4 km südlich Muttersholtz, 4,5 km östl. Sélestat. Ebenfalls im topfebenem Ried steht das Michelin-besternte *La Couronne,* eine der soliden Adressen unter den Feinen - unter engagierten Gourmets bezeichnenderweise auch als 'Kantine vom Haeberlin' bekannt. Wer nicht gleich hoch in die Menukarte einsteigen möchte, dem sei das *poussin* empfohlen, es schmeckt hier ganz vorzüglich! Ansonsten recht hochpreisiges Angebot. 45, rue de Sélestat. Menu ab 140 FF, So-abend, Mo geschl. Tel. 88.85.32.22.

Grenzübergang Breisach

Breisach: Von der deutschen Grenzstadt ist zu berichten, daß oben im historischen Teil der Stadt das Stephansmünster steht (mit Fresken von Martin Schongauer) und - schnell zurück zum Essen: gleich daneben in Bestlage das *Hotel am Münster* (betrieben von der Zentralkellerei Badischer Winzerkeller, die sich hier auch zum Thema Essen außer satten Preisen nicht viel einfallen läßt). Allerdings die schönste Terrasse weit und breit: Freier Blick in den Westen, aufs Rheintal und zu den Vogesen. Schön als Elsaßeinstimmung, zum Abschied vielleicht eine Kanne (leider traditionell gefilterten) Kaffees oder ein frisch gezapftes Glas Bier, mit Wein und Speisen würden wir noch etwas zuwarten.

■ Die Freizeit-Anlage bei **Vogelgruen** am Übergang Breisach ist ein winziges Disneyland, beliebtes Ziel wochenendfixierter Franzosen. Erwarten Sie also keine verträumte Flußromantik, dafür Picknicktische, Reitgelegenheit und auf der Rheininsel das moderne Motel/Restaurant L'Européen*** (direkt am Grenzübergang, von Deutschland kommend noch vor der Schleuse nach links abbiegen). 23 Zimmer längs des Flusses und Kanals (Logis de France). Höchstens als Etappe für Autobahnmüde, nichts als Nahziel für Elsaßfahrer aus dem Badischen. Die Küche ist ordentlich, zu empfehlen sind die Fischgerichte (Menu 100 - 280 FF). Im Sommer mit Draußensitzen und beruhigendem Blick auf den vor sich hinfließenden Rhein. Soabends, Mo und Februar geschl., Tel. 89.72.51.57, Fax 89.72.74.54.

■ Flammkuche und Halligalli gibts gleich in der Nachbarschaft, im Restaurant *Le Caballin*, jeden Fr, Sa, So ab 18.30 Uhr.

Neu-Breisach (3 km westlich der Grenze). Auch auf den zweiten Blick wirkt die schwere, rotbraune Festungsanlage mit ihren Gräben, den meterdicken Sandstein-Bollwerken und den regelmäßigen Straßenzügen hinter den Mauern etwas trostlos.

Also nur an einem sonnigen Sommertag besuchen. *Vauban*, ein französischer Marschall und Kriegsbaumeister (1633-1707) wollte hier die ideale Festung in der Ebene schaffen: der achteckige Stadtkern wird von einem gewaltigen äußeren Befestigungssystem geschützt. 1945 wurde der kleine Ort schwer verwüstet.

Lohnend nicht als Stützpunkt, am ehesten noch als Kurzausflug, vielleicht um ein paar Atemzüge Frankreich zu haben. Am riesengroßen Aufmarschplatz in der Stadtmitte stellen in der warmen Jahreszeit ein paar Händler Obst und Gemüse raus, einige Kaffeestühle sind auch da, schon fühlt man sich ein wenig unterwegs.

- Nahe vom Ortskern an der (etwas lauten) Rue de Bâle das *Hotel/Restaurant du Soleil***. Ein älteres Haus, das auch mal eine Überarbeitung nötig hätte (24 Zimmer von 170 - 240 FF). Ähnlich wie ein paar Häuser weiter in derselben Straße das *Hotel de France***, Tel. 89.72.56.06 (Zimmer 180 - 260 FF).

Fischadressen nördlich Neu-Breisach (D 468):

- In **Biesheim**, einem gewöhnlichen Straßendorf, das gerade eine Ortskernsanierung verpaßt bekommt, der recht große Komplex des *Hotel/Restaurant Aux Deux Clefs*** oder, einfach nach dem Besitzer: *Groff*. Solide Provinz, es wartet keine anstrengende Bedienungstruppe und kein bemühter Sommelier, die Stimmung in den hohen hellen Geräumen und im angrenzenden, etwas feineren Speisesaal wirkt entspannt. Das große Haus lebt wohl eher von den 21 komfortablen Zimmern und von lokalen Gesellschaften als von überzogenen Mehrgänge-Menus. Sie werden sich wohlfühlen in einem schlichten, holzvertäfelten Speisesaal, oder eben im eleganten Speiseabteil, die Bedienung ist flott und herzlich, die Fischgerichte sind frisch und ordentlich (nicht fein) zubereitet, selbst der offene Riesling erfreut. Nachlässigkeiten oder Zufälle wie ungewärmte Teller vergißt man beim ansonsten guten Gesamteindruck. Ein zuverlässig solides Haus (ohne Garten) mit ordentlichen

Zimmern (Logis de France). Täglich geöffnet, Restaurantferien vom 1. - 15. 1. Adresse: 50, Grand'Rue, Biesheim, Tel. 89.72.51.20, Fax 89.72.92.94.

■ Nur ein paar Kilometer weiter nördlich die bekanntere und üppig renovierte und dekorierte Variante des gutbürgerlichen Provinzrestaurants. Mehr Aufwand, der hier aber nicht unbedingt mehr Geschmack bedeutet: *Auberge d'Artzenheim*** in **Artzenheim**, 30, rue du Sponeck, Tel. 89.71.60.51, Fax: 89.71.60.51, Moabend, Di Ruhetag, 1. - 15. Februar geschl., bis 21 Uhr geöffnet, 10 Zimmer mit Blick auf den Garten (Logis de France).

Von Breisach Richtung Colmar:

■ Ca. 8 km westl. Neuf Breisach: In der Dorfmitte von **Logelheim** (10 km von der Grenze, auf dem Weg nach Colmar): *A la Vigne**, nach der Besitzerfamilie oft nur *Stoffel* genannt. Früher einmal 'die' Adresse für eine ordentliche Übernachtung mit guter Bewirtung in Colmarnähe, treue Gäste aus Freiburg und bis aus dem Markgräflerland, Schweizer von weither. Aber auch vor *la Vigne* kam die allgemeine, leidige Elsaß-Entwicklung (teurer, schlechter, mehr Ruhetage) nicht zum Stehen. Die Küche ist mittlerweile nur noch dumpf-wehrschaft, im besten Fall warm und reichlich, ohne jeden erkennbaren Willen zur Verfeinerung (Menu 94 - 120 FF), am erträglichsten noch das Geflügel - und vereinzelt die Wildgerichte. An den Glanz der vergangenen, tatsächlich gutbürgerlichen Zeiten erinnern (außer den Preisen) noch die beiden gemütlichen, holzvertäfelten Gasträume. Der Familienbetrieb (Vater kocht, Muttern serviert) ist schnell überfordert, die Lüftung ebenfalls. Für empfindliche Nasen führt ein Besuch unweigerlich in Richtung textiler Vollreinigung. Trotzdem: als ordentliches Quartier mit mäßiger Küche und heimeligem Ambiente in Colmarnähe immer noch zu empfehlen! Ruhige, tief provinzielle Lage, ohne weitere Reize. 7 ordentliche Zimmer (Logis de France), Di-abends, Mi Ruhetag, vom 18. Juni bis 8. Juli geschl. Tel. 89.22.08.40.

Grenzübergang Müllheim-Neuenburg

Der kleine, weitgehend zöllnerfreier Übergang, (sporadische Kontrollen!). Geldwechsel tägl. von 8 - 18 Uhr, Mittagspause 12.45 - 13.15 Uhr.

Das kleine Grenzdorf **Chalampé** liegt am Anfang, bzw. am nördlichen Ende des kilometerlangen Chemiegürtels *(u.a. Rhône Poulenc)*, der im Süden bis über Ottmarsheim hinaus reicht und der sich in den nächsten Jahren noch weiter in Richtung Basel ausdehnen wird. An klaren Tagen ist deutlich zu sehen, woher der Wind weht: die hier vorherrschende Wetterlage mit Südwestwinden aus der burgundischen Pforte treibt die dichten Schwaden aus den Fabrikschloten über den Rhein und transportiert sie bevorzugt in die mittleren Höhen vom Schwarzwald. Dort - z.B. im deutschen Münstertal oberhalb Staufen - wären dann auch die übelsten Auswirkungen von 'le Waldsterben' zu besichtigen.

Aber im Elsaß blickt man, was die Industrie betrifft, eben nach Paris und nicht zum Nachbarn im Osten, dessen so routiniert wie folgenlos vorgetragene Warnungen, Bedenken und Einwände ohnehin unter 'typisch deutsch' abgelegt werden: Umwelthysterie und Waldfimmel, so sind wir erdenschweren Bedenkenträger nun mal.

Und jetzt geht das Geplärre auch noch im Elsaß los, wo sich, zwar zeitverzögert, aber jetzt mit Macht *'les Verts'* formieren und gegen die weitere Industrialisierung Front machen.

Was bleibt, ist die derzeit sehr aktuelle Ahnung von weiteren Gemeinheiten: einmal in Form einer sehr emissionsintensiven **Flachglasfabrik bei Homburg** (Planung abgeschlossen, Baubeginn steht kurz bevor, Klage von markgräfler Gemeinden beim europäischen Gerichtshof in Straßburg anhängig), dann von einer Mülldeponie, und so fort. Aber irgendwie wird sich das schon in eine gesamteuropäische Fortschrittssauce mit strengsten Auflagen, neuen Arbeitsplätzen und Wohlstand für alle umdefinieren lassen. Zurück zum Futter:

- **Chalampé I**: Die nette, kleine Abwechslung gleich hinter der Grenze: *Porte de France*. Ein sympathisches junges Paar versorgt Fernfahrer, Handwerker und jeden, der einfachen Hunger hat. Klassischer Stehtresen für die Weltpolitik, schlichter, freilich stilechter Eßsaal für das mehr Irdische, dazu ein kleines Nebenzimmer. (Warm anziehen, denn der schwer geforderte Belüfter sorgt bis tief ins Frühjahr für kühlen Zug.) Weil die wackeren Wirtsleute jeden Morgen, schon kurz nach 6 das Frühstück für die Fernfahrer servieren, sind sie abends rechtschaffen müde und schließen schon um 21 Uhr. Im Sommer werden auch ein paar Tischchen vor die Kneipe gerückt. Ordentlicher, sehr preiswerter Mittagstisch ohne alle Verzierungen (45 FF), Sa Ruhetag, im Winter auch Sonntags.

- **Chalampé II**: *Hotel Du Rhin*, gleich um die Ecke im Ortskern, frisch und hellblau getüncht. Unverändert seit Jahrzehnten, und damit die große Ausnahme: Ein schöner, alter Gasthof mit ein paar Zimmern im ersten Stock. Der sympathische Betrieb gehört zur rapide schwindenden Art des 'soliden Familienbetriebs ohne Chichi'. Neben den klassischen Standardangeboten einer soliden Provinzkneipe lockt besonders die Spezialität des Hauses: knusprig, luftige carpe frite, fundamental serviert, nur mit hausgemachter Mayonnaise und (dem sehr gut angemachten) grünen Salat - die Portionen sind reichlich und kommen deshalb ohne pommes aus! Mittags immer und manchmal auch abends ein preiswertes Tagesmenü, das einfach, aber weit überdurchschnittlich zubereitet ist (um 55 FF - allerdings nur bis kurz nach 13 Uhr!).

Nichts wirkt im großen Hauptraum mit dem geölten Parkett herausgeputzt oder unangenehm renoviert, vom Fernseher über den Hutständer bis zur Baguette-Guillotine, die Dinge sind wie sie sind. Aparter wintergartenähnlicher Speiseraum als Anbau. Freundliche Bedienung, ebensolche Preise (auch beim Wein). Für Carpe frite (in den ruhigeren Wintermonaten und während der Sommerferien) auf jeden Fall vorher anrufen: Tel. 89.26.05.18. Hotel-Restaurant Du Rhin, 7, rue P.E. Lucas, 68490 Chalampé. Ruhetag Samstag und Sonntag, ohne Garten, (Dozi 180 FF).

- *Was von Chalampé aus gesehen links und rechts der D 39 liegt, die wieder einmal kerzengerade durch den Hardtwald Richtung Mulhouse führt, finden Sie im Kap. 'Umgebung von Mulhouse'.*

Rheinsträßchen von Chalampe - Neuf Breisach

Auf dem kerzengeraden Rheinsträßchen D 52 von Chalampé nach Norden, in Richtung Neuf-Breisach: Die Strecke ist ideal geeignet für die klassische, meditative französische Fahrweise mit langen, rhythmischen Amplituden, zu genießen am allerbesten mit der dazu passenden Karrosse mit weich, gnädiger Federung (ideal wäre ein dunkelblauer DS 19!).

Etwa 10 km nördlich Chalampé, bzw. 15 km südlich Neuf Breisach dann der leicht zu übersehende Abzweig nach Westen Richtung **Blodelsheim**. Die Hauptstraße führt weiter Richtung Atomkraftwerk Fessenheim *(Centrale Nucléaire)*, das in 80ern, eine Woche vor dem Wyhler Baustopp, ans Netz ging und seit den 90ern mit seinen viel zu früh kommenden Altersfalten und Rissen zu kämpfen hat, die auch unseren Nerven zu schaffen machten.

Wir gehen einmal davon aus, daß Sie keinen gesteigerten Informationsbedarf hinsichtlich der Vorzüge der Kernkrafttechnologie haben. Der mögliche Abstecher im Besucher- und Informationszentrum von Fessenheim sei hier also nur kurz erwähnt. Wir aber zweigen ab nach:

Blodelsheim (11 km nördlich Chalampé) ist ein schmuckloses Dorf, ruhige Provinz ohne weitere Attraktionen, wie vielerorts im flachen Land zwischen Breisach und Basel.

■ Abseits der Durchgangsstraße, im alten Ortskern: *Chez Pierre*. Das ist die einfache, aber angenehme Gaststube: ein paar eingedeckte Tische und in Tresennähe die Rotweintische fürs lokale Publikum ohne Gedeck. Der monumentale Bankettsaal ist an normalen Tagen mit einer Holzschiebetür abgetrennt. Im Hause auch einfache Zimmer, kein Garten. An normalen Wochentagen ein ordentlicher Landgasthof ohne Spesenritter und Touristenandrang. An Wochenenden füllt sich der große Speisesaal aber wirklich mit allem drum und dran. Sonntagmittags, oder während Familienfeiern freut sich dann der Ethnologe in uns: zu sehen ist die welsche Lust am Essen und Parlieren in Reinkultur. Während dieser Termine ist für stille Genießer allerdings Vorsicht geboten, denn die ansonsten recht ordentliche Küche ist auf weniger Andrang ausgelegt und kommt in solchen Fällen schon mal ins Schlingern. Empfehlenswert zur Wildsaison - dann auch größere schweizer Jagdgesellschaften, die ihr Wildbret gleich an Ort und Stelle zubereiten lassen. Ab und zu auch ein frisches Fischangebot - von Rheinfischen (s.u.). Portionen zum Sattwerden, Zubereitung ohne Finessen. Beliebt auch während der Spargelzeit. Mittwoch Ruhetag, Tel. 89.48.60.62.

■ *Au Lion d'Or**, im Ortszentrum, an der Durchgangsstraße (D-468). Typ ordentliches, schon etwas herausgeputztes Dorfgasthaus mit Café/Brasserie, Speisesaal und Winstub. Dekoriert und serviert wird für den Abteilungsleiter im mittelständischen Betrieb, erwarten Sie also eher Buntes als Authentisches. An Wochenenden auch schon mal Samstagsschwoof und spezielle 'baekeoffe-Abende'. 15 Zimmer (Logis de France), Menu 50 - 140 FF, Moabend u. Di Ruhetag, Tel. 89.48.60.47.

■ Von Blodelsheim nach Westen Richtung Roggenhouse: Ganz entlegen, zwischen Wald und Wiesen, der *Poney-Park*, Ausflugsgaststätte mit großem Spielplatz und vielen Tischen im Freien. Der Besitzer hat das Etablissement seit kurzem selbst übernommen und erst mal *congé annuel* gemacht - abwarten. Also erstmal kein Kommentar.

Von Blodelsheim weiter auf der D 468 nach **Balgau** - hier gibts gleich zwei Adressen, wo die Birnen leuchten:

Die Renaissance der Rheinfischerei

Es gibt sie wieder: Frische Rheinfische, Flußkrebse & -forellen. Kennen Sie das Rotauge? Das ist kein Schmetterling, sondern ein Süßwasserfisch, der am vorzüglichsten im Frühjahr schmeckt. Haben Sie im Sommer schon mal die herrlichen, klitzekleinen Weißfische gegessen, die nach ihrer Zubereitungsart 'Backfische' oder 'friture' genannt werden. In sehr teuren Feinschmeckerrestaurants stehen sie manchmal als Vorspeise auf der Karte, in Fischgeschäften werden sie nie angeboten, denn das Entschuppen und Entgräten dieser Winzlinge dauert ewig - fast so lange wie das Angeln.

Wer weiß noch, daß sich der Aal ab Mitte Mai und bis ins Spätjahr den Rhein hochwindet; daß alle Fische nach der Laichzeit am besten schmecken - bei den Weißfischen (Rotauge, Barbe, Plötze oder Firn) also im Frühjahr, bei Bachforellen im Sommer; daß frisch gefangene Fische erst am nächsten Tag richtig fein schmecken und nach 4 Kühlhaus-Tagen beginnen, 'nach Fisch' zu riechen?

Der einzige Rheinfischer im Oberelsaß, *Adrien Vonarb*, und Beatrice, seine Frau, könnten Bücher füllen mit ihren Geschichten über Süßwasserfische, deren Namen wir mittlerweile nicht einmal mehr kennen (im Rhein leben neben Aal, Hecht und Bachforelle noch über 30 verschiedene Sorten).

'Rheinfisch' klingt nicht gerade nach Quellwasser: bis in die 50er Jahre wurde bedenkenlos aus dem Rhein gezogen, was schwimmen konnte - dann kam die Wende: größere und kleinere Schweinereien flossen ungefiltert in den Rhein, die letzte große Katastrophe, der Sandoz-Unfall bei Basel 1986, liegt nicht allzu weit zurück. Seither hat sich die Wasserqualität aber entscheidend verbessert. Adrien angelt seit 4 Jahren wieder zwischen Fessenheim und Nambsheim, der Wirtschaftskontrolldienst nimmt regelmäßig Proben von seinen Fängen und ist - gerade auch im Vergleich mit anderen, vermeintlich sauberen Gewässern - zufrieden damit.

Die Gefahr einer Überfischung des Rheines besteht nicht - es gibt nur einen professionellen (Netz)-Fischer - eben Adrien - auf der französischen Seite, auf der deutschen soll es auch noch einen geben - dennoch geht Adrien sehr behutsam vor: Um den Jungfischbestand nicht zu gefährden, angelt er nur mit grobmaschigen Netzen. An manchen Tagen kommen trotzdem bis zu 100 kg Fisch zusammen.

■ *Delice de nos Rivieres:* Zu kaufen gibt es bei den Vonarbs alles, was der Rhein hergibt, und damit alles, was in den Fischeintopf, die matelote paßt, aber je nach Saison verschieden. Außerdem ständig selbst gezogene Bachforellen. Bis zu 2000 Stück schwimmen in dem 120 kubikmeter großen Teich hinterm Haus. Gefüttert werden sie ausschließlich mit 'Rheinfischabfällen', was anscheinend weniger wachstumsfördernd wirkt als die herkömmlichen, teilweise recht fragwürdigen Futtermittel mit denen die Fische üblicherweise in den Zuchtanstalten gemästet werden. Adriens Bachforellen wachsen zögerlicher als ihre Kollegen: eine Forelle darf sich bei ihm 2 - 3 Jahre sattfressen, bis sie 1 - 2 Pfund schwer wird. Recycling ohne Ende: Nicht einmal die Gräten und Fischköpfe wandern in den Müll - mit ihnen werden die Krebse am Rheinufer geködert, und die mögen nur ganz klares Wasser . . .

Aus der blitzblanken, neu gebauten Fischküche vor dem Forellenteich kommen außerdem noch: *Fischterrinen, Fischpasteten* und *Fischtorten (*mit Blätterteigboden). Vergessen sind danach die industriell gefertigten langweiligen Fischpasteten (viel Füllstoff, wenig Fisch), deren Klebstoff für Stunden den Magen auskleistert.

Die Vonarbs verkaufen an ein paar handverlesene Fischhändler und Restaurateure - und an Fischfreunde, die vorbeikommen, nachdem sie telefonisch vorbestellt haben - übrig bleibt eigentlich nie etwas für einen zufälligen Besucher, denn "wir legen größten Wert auf frische Produkte und machen prinzipiell nur so viel, wie bestellt ist". *Adrien und Beatrice Vonarb*, Balgau, 8, rue Mittelhardt (Seitenstraße der Durchgangsstraße, am südl. Ortseingang), Tel. 89.48.62.71.

In Balgau zweigt auch die kleine D 18 bis ab auf einen Bauernhof (gut ausgeschildert) in der flachen Agro-Pampa zwischen Fessenheim und Colmar:

- 💡 **Enten und Geflügel** gibts auf der *Ferme Auberge du Rheinfelderhof*, Ca. 2000 Enten werden hier in Freilandhaltung aufgezogen und mit dem Mais gefüttert, der ringsum in beängstigend intensivem Ausmaß angebaut wird. Die Ferme selbst ist kein romantischer Bauernhof, sondern ein neugebautes, funktionales Haus. Von September bis Juni gibt's am Wochenende frisch geschlachtete Enten (auf Vorbestellung). Und das Schönste und wirklich Gute: ein großes Sortiment verschiedener hervorragender Entenpatés! Die teilweise auch in die Spitzengastronomie des Elsaß geliefert werden. Die Patés sind ganzjährig im dazugehörigen Laden zu kaufen. Freitag- und Samstagabends wird auf dem Rheinfelderhof auch gekocht: 'Entenschulter mit Kartoffeln' - auf jeden Fall vorher anrufen. Adresse: Peter Schmitt, Rustenhart (nordwestlich Fessenheim, ab Balgau ausgeschildert). Tel. 89.48.61.88.

Rheinsträßchen von Chalampé - Kembs

Zu Beginn gehts gleich mal 4 km durch die beeindruckenden Industrieanlagen von *Rhône-Poulenc, Pecrin, Sac*. Hier stehen die großen Schlote, die wir von der anderen Seite so klar im Herbstlicht sehen.

- Abzweig nach **Ottmarsheim** (6 km südl. Chalampé). An traditionellen Kunstzielen mangelt es in der flachen Ebene zwischen Breisach und Basel, schon deshalb sollte man einen der Klassiker nicht vergessen - auch wenn die Kirche ausgebrannt ist: die weltberühmte *oktogonale romanische Kirche Ottmarsheims* stammt aus dem 11. Jahrhundert. Das Feuer brach am 28. Februar 1991 im Orgelgewölbe aus und noch immer ist der Glockenturm nicht zu gebrauchen, die Fresken und das Holzwerk sind noch nicht restauriert, ebensowenig die fast vollständig zerstörte Waltarin-Orgel. Vor Weihnachten 1993 sind die Arbeiten vermutlich nicht abgeschlossen.

Südlich des Autobahngrenzübergangs Neuenburg ist der unromantische Teil durchmessen, nun geht's 12 km schnurgeradeaus und topfeben an Homburg und Petit-Landau vorbei, die Straße gesäumt von urwaldähnlich überwucherten Laubbäumen. ACHTUNG: Auf dieser Strecke sind nicht viele Autos unterwegs, aber wenn, dann fliegen sie, 140 km/h ist die Regel!

- Bei **Niffer**, zwischen Ottmarsheim und Kembs, zweigt der *Rhein-Rhône-Kanal* vom Rheinseitenkanal *Gran Canal d'Alsace* ab, der auf einer Länge von 50 km zwischen Basel und Breisach/Vogelgruen parallel zum Rhein verläuft. Durch seinen Bau sank der Grundwasserspiegel erheblich, so daß im südlichen Teil der Rheinebene künstliche Bewässerung nötig wurde. Die Strecke nördlich von Straßburg wurde deshalb klugerweise nach einem anderen System ausgebaut. Achtung nochmal Kunst: Der Leitstand der Schleuse Kembs-Niffer wurde von Stararchitekten *Le Corbusier* entworfen, auch der Laie siehts.

An der Kreuzung südl. Niffer, noch vor der Schleuse, überraschen derzeit ungeheure Erdbewegungen: hier wird für die *'Liaison Navigable Saône-Rhin'* gerade die erste Tranche ausgehoben.

- **Kembs** (17 km südl. Chalampé), direkt gegenüber *Istein* auf der westlichen Rheinseite (der große Steinbruch der Zement- und Kalkwerke leuchtet gut sichtbar herüber): In der Ortsmitte, gegenüber vom roten *La Belle d'Alsace* (jahraus jahrein, auch bei klirrenden Temperaturen, stehen hier die weißen Plastikstühle an der Straße aufgereiht), gehts ab in Richtung Rhein zum Vergnügungshafen 'Port de Plaisance': eine alte Ziehbrücke führt über den Kanal, an dem Frankreich schon seit Morgengrauen sitzt und angelt, während drumherum der schlechte Geschmack Triumphe feiert.

- Vom Vergnügungshafen am Kanal (vgl. oben) führt das Sträßchen weiter nach Osten an den Rhein und dann gleich nach Süden. Auf der Höhe von **Kembs-Loechlé** wird ein weiteres Relikt aus vergangenen Zeiten erreicht: *Relais du Rhin,* eine einfache Kneipe mit frischem Bier und kleiner Terrasse. Mehr oder weniger eine Kantine der Bauarbeiter, deshalb gibts hier schon ab 6 Uhr morgens Frühstück. Gerade wird in der lange Jahre fast vergessenen Umgebung wild gegraben und neu gebaut. Es bleibt die Hoffnung, daß diese kleine Tankstelle erhalten bleibt und nicht dem Bau einer 'Verte Village - une realisation de Prestige' - zum Opfer fällt, wie weiter in Richtung Kembs-Loechlé geschehen.

Zwischen Kembs und Basel

Von Kembs aus sind es noch ca. 12 häßliche Kilometer bis St. Louis: viel Verkehr, ernüchternde Neubauten, alle mit Terrassen auf maulwurfsähnlichen Hügeln (sie stammen vom nicht abgefahrenen Aushub). Kembs-Löchlé hat inzwischen Kembs an Größe lässig überholt - früher standen hier nur nette kleine eingeschossige Häuser! Dringender Rat: Spätestens hier runter von der D 468, rein in den Sundgau (über Sierentz nach Altkirch, s. Kapitel 'Sundgau') oder auf Schleichwegen am Rhein entlang.

■ In **Kembs-Loechlé** das *Restaurant Schaeferhof*, 129, rue du Rhin. Ein traditioneller Straßengasthof für das klassische, nie enden wollende elsässer Familientreffen. Grundvoraussetzungen zum Genuß sind also: Zeit und abgrundtiefer Hunger. Mittags läuft der Betrieb bisweilen etwas zügiger, Abends mit Tendenz zu längeren Gelagen. Publikum garantiert ohne Spesenritter, auch keine blassen Großstadtraben. Als Treff für empfindsame Künstlerseelen eignet sich der Schäferhof ohnehin nicht, das verhindert schon die durchweg schwere, brokatreiche Dekoration. Darunter opulente Gemäldeteppiche im Stile des Hypermarchérealismus und die liebevoll drapierten, litzenreichen Vorhänge. Die Maskerade schützt die Tafelnden zuverlässig vor Tageslicht und neugierigen Blicken, die - in tiefster Provinz - hier freilch kaum zu befürchten sind.

Die Küche ist allenfalls ordentlich, bemerkenswert vor allem die lang geschmorgelten, intensiven Saucen. *Die Fleischnäcka* stehen zwar als Spezialität des Hauses auf der Speisekarte, das sollte aber niemand dogmatisch sehen, wir raten zur Orientierung in Richtung Osso Buco, Châteaubriand oder ähnlich traditionell Deftigem. Beim Gemüse auch hier (wie so oft) die alte Leier, das so überaus originelle Duo von Karotten und Blumenkohlröschen, zuverlässig weichgekocht. Die Bedienung wirkt manchmal etwas arg derb und holprig. Aber im Ganzen gesehen ist der Schäferhof ein seltenes Glück: einfach, welsch und preiswert. Einer der Orte, die man mit roter Nase und vollem Bauch, immerhin aber zufrieden, verläßt. 3 Tagesmenus, ab 80 FF, ordentliche und nicht überteuerte Weinkarte. So-abend, Mo u. Di Ruhetag. Tel. 89.48.36.24.

Im weiteren Verlauf der Strecke bis Village Neuf und Huningue gibts wenig zu lachen: Industriegebiete, Neubau- und Abbruchviertel im steten Wechsel, wo die Landschaft am erträglichsten ist, steht im folgenden Kapitel.

Grenzübergang Weil/Huningue

Wer morgens vergnügt und frisch auf der A-5 von Norden kommt, reibt sich die Augen: '4 km LKW-Stau vor Basel' verkündet nahezu alltäglich der Verkehrsfunk und das ist nicht übertrieben: 4 km geduldig wartende LKWS reihen sich auf Doppelspur vor der schweizer Grenze. Für die letzte Ausfahrt nach Hüningen lassen die Brummer netterweise einen kleinen (rot gekennzeichneten) Korridor frei. Wir ahnen es, das Ballungsgebiet im Dreiländereck ist kein Ziel für Landschaftsfreunde. Immer weiter wuchert der konturlose Brei aus Industrie, Gewerbeparks, seriellen Wohnsiedlungen und Scherbenvierteln. Zwischen Flughafen und Autobahn, von Village Neuf bis zur schweizer Grenze bei Basel, es gilt allerorts: Oasen verzweifelt gesucht.

Die ganze Region im äußersten Südwesten ist mittlerweile als Industriebrache und Entwicklungsgebiet verplant. In direkter Flugplatznähe wird noch 1992 mit dem Bau neuer Gewerbezonen begonnen werden. Angesichts hoher Bodenpreise in den Nachbarländern wird der Siedlungsdruck nach Westen weiter anhalten, auch wegen des höheren Arbeitskräfteangebotes in Frankreich sowie wegen der einfacheren Baugesetze.

Offen und romantisch fürs Auge wird das Landschaftsbild erst westlich von St. Louis und den daran anschließenden Schlafsiedlungen. Eine **wichtige Trennlinie ist hier die Straße D 12 bis,** die mit ungewöhnlich scharfem Schnitt industriell zersiedeltes Gelände von (noch) landwirtschaftlicher Idylle trennt.

- Fazit: Die **intakte Sundgau-Landschaft** ist von Basel aus nur einen Katzensprung entfernt, wer jedoch von Deutschland kommend den Rhein bei Hünigen überqueren muß, quält sich erst einmal durchs verkehrsmäßig sehr lebendige *St-Louis* und die tristen Vorstadtsiedlungen *Bourgfelden oder Bartenheim* und *Blotzheim*, bis - eben westlich der D 12 - die erste weite Wiese und eine erfrischende Kneipe in Sicht kommt.

Für einen kurzen Abstecher von deutscher Seite aus ist die Region um St. Louis/Village Neuf also weniger geeignet, zumal in vielen Restaurants fast schon schweizer Preise gelten. Mit wachsender Entfernung von Basel nehmen die Preise dann wieder ab. Faustregel: alles, das weiter als eine halbe Autostunde entfernt liegt, leidet nicht unter dem Basel-Effekt.

Lichtblicke im Ballungsgebiet um St. Louis

- Der Samstagsmarkt in **St. Louis**: Ein gutes Käseangebot, darunter der Rohmilch-Kuhkäse von Mme. Juen aus Bendorf, Wurst vom rigolenden (ursprünglich: tiefpflügen, soll hier heißen: ewig spaßenden) bretonischen Metzger, Lamm und Hammel von der Boucherie Mouzane. Geflügel von der ferme in Zaessingue, Brot u.a. von der Holzofen-Bäckerei in Ober-Michelbach, einige Obst und Gemüse-Stände und großes, überwiegend synthetisches Kleiderangebot (gut wenn Sie mal Freund oder Flamme richtig ärgern wollen, die Kombination für 299 FF).

Anfahrt: von der D/F-Grenze kommend an der Hauptstraße Richtung Altkirch, beim Rest. de la Poste rechts, der Markt findet hinter der kleinen pl. de la République (am besten hier parken) statt.

- Der Freitagsmarkt in **Hüningen**: Der Glanzpunkt des sehr kleinen Freitagsmarktes ist wieder der Käsewagen von Bernard Antony aus Vieux-Ferrette (siehe dort). Ansonsten ist das Angebot nicht überwältigend.

- *Boucherie Muselmann*, natürlich für Hammelfleisch, direkt neben Bar Central an der Straße nach St. Louis.

Abgründe

- Wieder mal eine neue Variation über das Leiden von Reisebuchautoren: Direkt am Marktplatz von **Hüningen** wartet das *Hotel/Rest. Terminus*. Ein würdiges, altes Vauban-Haus aus dem 17. Jh., auch innen vielversprechend im sympathischen Brasserie-Stil mit gewölbter Decke und langer Theke. Das Haus wurde erst 1991 sehr geschmackvoll renoviert. Zentrale Lage, verheißungsvolle Fassade, reizendes Ambiente, was könnte hier für ein Treffpunkt sein, die besten Voraussetzungen für 'die' Kneipe im Dreieckland sind jedenfalls vorhanden - und an neugierigen Grenzgängern mangelt es bestimmt nicht! Doch das Leben ist eben ein kurzer Traum, zumindest im Terminus: Tischmusik à la James Last sundgovienne stimmt auf's Kommende ein. Sehen wir der Küche dennoch mutig ins Auge: die Wirtsleute setzten auf schweizer Gäste und ihr vermeintliches Lieblingsgericht - das Fondue. Außerdem im Angebot: Fleisch vom heißen Stein. Ein transpiratives Spektakel, das gerne von Vorstadtpärchen in zu engen Jeans zelebriert wird. Die Klimaanlage war jedenfalls schon bei 6 Gästen an der Leistungsgrenze: Fett oder Leben. Auch vom (natürlich kurzwellig aufgewärmten) Zwiebelkuchen ist abzuraten, letzte Rettung vielleicht ein Stück bares Lammfleisch, allerdings hingen auch da die viel zu hellen Fritten lustlos von der Gabel. Falls das alles etwas arg resignativ klingt, zugegeben, die narkotische Wirkung des alles durchdringenden Fettdunstes kann einen depressiv stimmen, und diese Zeilen entstehen in solch einer Phase. Einzig der Gedanke an die nahe Badewanne hält aufrecht. Nur Hartgesottene oder Nasenlose probieren's nochmal selber: Mo Ruhetag, nur abends geöffnet, Sa und So auch mittags.

- *Vauban*, ein französischer Marschall und Kriegsbaumeister (1633-1707) mit einem Kopf voll verrückter Ideen: Das alte Dorf Hüningen wurde 1680 abgerissen, die Bauern in neuen Ortschaften (z.B. Village Neuf, St. Louis) angesiedelt, und weiter südlich durch eine von ihm entworfene Festung ersetzt, die den Rheinübergang schützen sollte. Heute noch erkennbar: Eine fünfeckige Anlage mit drei Toren und einem Waffenplatz in der Ortsmitte - der Marktplatz von Hüningen diente also damals als Paradeplatz. Nach seinen Plänen wurden auch die monumentalen Festungsanlagen in Neu-Breisach (vgl. dort) geschaffen.

Village Neuf

■ Am alten Kanal zwischen *Saint-Louis* und *Village Neuf* liegt das *Restaurant Mayer*, seit Jahrzehnten ein gutbürgerlicher Klassiker im Volksmund kurz 'Kanal-Mayer' genannt. Das klingt alles ziemlich bodenständig und gut - wie der Beginn einer Freundschaft. Doch der erste Zweifel keimt schon auf dem Parkplatz: ein Überhang an dicken Benzen und Geschäftslimousinen. Auch drinnen dann eine auffallend steife, imageheischende Bedienung. Auf der Mittagskarte fehlt der Rettungsanker für den undogmatischen Gast, das kleine Tagesmenu ebenso wie ein einziges preiswertes, kleineres Gericht in der 60 FF-Klasse. Das alles stört die anwesende Klientel freilich nicht, den die liebt eher die große Nummer. Mittags überwiegend Geschäftsleute und Spesengäste, abends mehr bürgerliches Ausgehpublikum, darunter auch ein wenig Jeunesse aus Basel.

Der auffallend geschmackvoll eingerichtete Gastraum zählt bestimmt zu den schönsten im südlichen Elsaß, doch die Mehrzahl der Gäste gehört eben zu jenem Publikum, das in der Nähe jeder größeren Stadt die Preise treibt. Angebot und Service lassen auch gar keinen Zweifel daran, daß man bei Meyer genau diese Gäste, und nur diese, im Auge hat. Kleinlautes Fazit für die letzten Selbst-Zahler unter uns: Ganz nett, aber einfach zu teuer. Der Tip für die Geschäftsfreunde: Fischgerichte und Spargel gehören im Meyer zu den Klassikern. 2, rue St. Louis (Seitenstraße direkt an der Kirche von Village Neuf), Tel. 89.67.11.15, Soabend, Mo geschl., während der Spargelsaison natürlich auch So-abends geöffnet. Ferien von Ende Juli bis Mitte August - vermutlich zum Geldzählen.

■ Wesentlich bescheidener gibt sich der *L'Ange* an der Durchgangsstraße im Ort Village Neuf. Schon die großformatigen Murales an der Fassade zeigen, was einen hier erwartet. Ein Ort für Beinschinken und saisonale Spargelexzesse - betont frugal, eher etwas für Hartgesottene.

■ Bizarr und direkt am Kanal gelegen, gegenüber einer Bootsanlegestelle: Bei Village Neuf das *Piste du Rhin* (gleich hinter der Grenze nach rechts ausgeschildert, Mi geschl.). Früher gab es hier eine einfache Einkehr, beinhart und gerecht - das Omelette mit Pilzen soll sehr gut gewesen sein. Bevor am Wochenende gnadenlos flächendeckendes Picknick angesagt wurde 'der' besinnliche Ort zum Zeitunglesen und Philosophieren - heute steht hier ein antiseptisches Rondell, rundum verglast bis zum Himmel. Alles neu, klinisch sauber und ausgebeselt, hier hat sich jemand mit dem Geschmack eines Kühlschrankes viel Mühe gegeben. Immerhin, die Tischdekoration vor den Toiletten besteht aus richtigen Blumen. Das zufriedene Publikum: vorwiegend Geschäftsleute aus den aufstrebenden benachbarten Unternehmen; die Küche: alles mit Sorgfalt hübsch und geschmacklos aufgetellert. Mittagsmenu um 50 FF.

Naturschutzgebiet Petit Camargue

Vor der Rheinregulierung (geplant und organisiert vom Karlsruher *Ingenieur Tulla*, zwischen 1841 und 1876) hatte die Landschaft rings um den Fluß ein völlig anderes Gesicht. Zerteilt in unzählige Seitenarme, Triften und Gräben schlängelte sich der Strom durch die Ebene. Alte Stiche zeigen die gesamte Flußniederung als ein amphibisches Gebiet mit Inseln, Sümpfen, Stehwasserzonen und einzelnen Flußsträngen. Als letzte Relikte aus dieser Zeit stammen die länglichen Wasserflächen um Village Neuf und Rosenau, es sind abgetrennte ehemalige Flußarme. Chroniken schreiben von "ungesunden Sümpfen", Überschwemmungen waren an der Tagesordnung, Ackerbau deshalb unmöglich.

Rosenau gehörte damals z.B. zum jenseits des Rheins gelegenen deutschen *Istein*. Die Rheinauewälder waren voller Ulmen, Orchideen und heute seltenen Enzianarten. Eisvogel, Kiebitz und Kormoran lebten in den Uferniederungen. Übriggeblieben sind von diesen Urlandschaften im Norden das Taubergießen (bei Rheinau) und im Süden die "kleine Camargue" (zwischen Village Neuf und Rosenau).

Die Petit Camargue (150 ha) wurde 1982 das erste Naturschutzgebiet des Elsaß. Trockenrasen, bestanden mit Sanddorn und mehreren Orchideenarten, wechseln ab mit Feuchtwiesen, die ohnehin zu den bedrohtesten Lebensräumen Mitteleuropas zählen. Wo solche Streuwiesen wie in der elsässer Petit Camargue erhalten blieben, wachsen sie heute aber oft mit Schilf zu, oder sie verbuschen völlig. Die typischen Streuwiesen-Arten haben in ihren letzten Rückzugsgebieten dann nicht genug Luft und Licht zum Überleben. Ihre Erhaltung war auch in der Petit Camargue nicht problemlos - aber man lernte aus der Geschichte: In den Feuchtgebieten Mitteleuropas lebte bis ins Mittelalter der Auerochse, ein idealer Weidegänger. Und da kam man auf die Idee, daß extensive Beweidung durch diese Tieren Schilf und Verbuschung eindämmt.

Die Nachfahren des Auerochsen, unsere modernen Hochleistungsrinder, kommen allerdings in der Petit Camargue nicht in Frage, da sie für den feuchten Boden zu schwer sind. Idealer ist das schottische Hochlandrind, das im Winter dank seines Zottelfells keinen Unterstand braucht und mit Vorliebe an Schilf und Weiden knabbert, außerdem ist das Fleisch mit dem biologischem Wildgout heutzutage wieder sehr gefragt. Bis jetzt hats funktioniert: es gibt wieder zahlreiche Orchideen und sogar den ausgesprochen seltenen Lungenenzian, an den Wasserlöchern blühen Iris, Kiebitze und Brachvögel stellen sich ein.

- *Anfahrt:* Saint-Louis-la-Chaussée/Neuweg, in der Dorfmitte (von Basel kommend) nach rechts hinunter abbiegen. Beim Gebäude der CINA *(Centre d'Initiation à la Nature de l'Au)*, Infos über die Petit Camargue. Beobachtungsturm, Rundgänge.

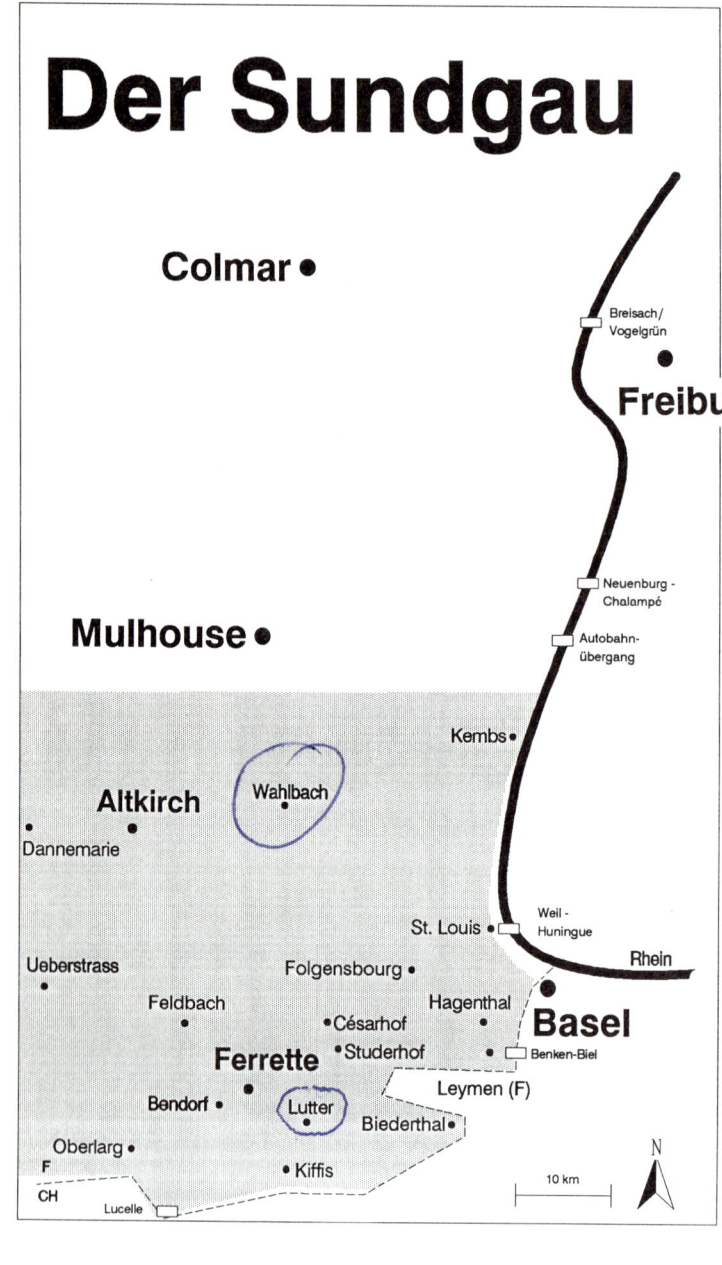

Das Sundgau, das kleine, stille Land im Süden des Elsaß hat es schwer ohne die Weinstraßenromantik des großen Bruders im Norden.

ES FEHLT: die Kunst, Reben und Haeberlin. Der Dreißigjährige Krieg und die Französische Revolution haben wenig übriggelassen von der Kunst. Die geeigneten Weinberglagen an den begünstigten Hängen im Vorland der Vogesen hören bereits bei Thann, wenig nordwestlich von Mulhouse auf und die eher bescheidene Besucherzahl konnte keinen der erfolgsverwöhnten Köche aus der Feinschmecker-Ecke um Colmar und Straßburg herlocken.

WAS ES NOCH GIBT: Offenes Hügelland mit würdigen, alten Obstbäumen. Alleen und Straßen, die sich nach der Landschaft richten. Ein paar ehrliche, ordentliche Gasthäuser. Jede Menge Karpfen- und Fischteiche. Und weil heute alles im Aktionspaket besser läuft, war die *Route de la Carpe Frite* nicht zu vermeiden. Sie führt von Mulhouse südwärts über *Altkirch* und *Ferrette* quer durchs Land.

Aber weshalb soll gerade der Karpfen, neben dem Lachs das größte Mastschwein unter den Fischen, den Tourismus in die Gänge bringen? Knusprig gebacken, mit einer selbstgemachten Mayo, durchaus eine Versuchung - doch wer eilt schon wegen eines frittierten Karpfens extra ins Sundgau? Alleingelassen mit dem fetten Karpfen, wird hier wohl noch einige Zeit nach dem dicken Geld geschnappt - vergeblich, auf dem Trockenen liegend.

Sundgau - Total normal

Der Architekt aus Düsseldorf muß sowenig zum Essen ins Sundgau düsen wie die Eurokraten aus Straßburg, die Nacherzählung eines Karpfenabends bringt bei Hofe nun mal keine Extrapunkte. Wo bleibt Haeberlin?

Die Abwesenheit der Stars mitsamt ihrem Gefolge birgt natürlich auch Chancen. Die Gastro-Geschichte des Sundgaus ist einfach erzählt: 'Nette Beizlein' in Grenznähe warten auf schweizer Gäste, die vor den horrenden (Wein)-Preisen ihrer Heimat fliehen. Weiter im Land drinnen wirds entspannter, dort gibt es tatsächlich noch ein paar Gasthäuser, die den Namen auch verdienen. Und wer Abwechslung sucht von der geranienschweren Gwürtztramineridylle des Nordens, wird in der grünen Sundgaulandschaft auf befreiende Gedanken kommen.

Lohnbauern

Bei aller Abgeschiedenheit ist die Welt auch im Sundgau nicht mehr so heile wie in der Käsewerbung mit der Baskenmütze. Von der einst reichen Landwirtschaft im Sundgau ist nicht mehr viel übriggeblieben. Ein Grund liegt in der Milchkontigentierung der EG, ein trostloses Bündel von Ursachen gleicht der üblichen landwirtschaftlichen Malaise, wie wir sie auch auf unserer Seite zur Genüge kennen. Von sinkenden Preisen entmutigt, zu eigenen innovativen Ansätzen unfähig, gelockt vom schnellen, sicheren Geld in der nahen Industrie, arbeiten die meisten sundgauer Bauern nur noch am Feierabend auf ihrem Hof. Den wichtigen Teil des Unterhalts verdienen sie in den großen Chemiefabriken im Basler Raum oder in den Peugotwerken bei Mülhausen.

Vor 1980 gab es in der traditionellen Agrarlandschaft Sundgau noch 3000 Höfe, davon 1680 Vollerwerbshöfe. Bis 1989 sank ihre Anzahl auf 2300, davon weniger als die Hälfte Vollerwerbshöfe. Rund 15000 Bauern im Departement Haut-Rhin sind Grenzgänger, gehen in die Schweiz oder nach

Deutschland zur Arbeit.

In Grenznähe zur Schweiz wird viel gebaut, der Grund ist noch preiswert, oft kaum auf der Hälfte des deutschen Niveaus und verglichen mit den hohen schweizer Bodenpreisen geradezu billig. Hinzu kommen niedere Löhne und die Möglichkeit, vieles in Nachbarschaftshilfe zu bauen. Ab 1994 wird es für schweizer Bürger noch attraktiver werden, im Sundgau ein Häuschen zu bauen, bis dahin dürften die letzten administrativen Hindernisse gefallen sein, die freilich schon heute kaum einen der tatsächlich Bauwilligen hindern, im Sundgau einen kleinen Traum zu schaffen, der im Ballungsgebiet Basel mangels Masse einfach nicht mehr zu realisieren ist.

Nie ohne Karte

■ Michelin, Dein Freund und Helfer: Elsaß-Anfänger verfahren sich im Sundgau gern auf den vielen Nebensträßchen, die verspielt von einem Weiler zum andern führen und leicht das Ziel vergessen machen. Da werden Straßenschilder oft zum lang ersehnten Ratgeber, nur sind die oft so angebracht, daß sie nur von einer Richtung aus sichtbar sind. Unser dringender Rat: Verlassen Sie nie das Haus ohne Karte. Mit dem Auto reicht die ausgezeichnete Michelin Nr. 66 (1 : 200.000, auf dem Elsaß-Blatt Nr. 87 ist ebenfalls noch der größte Teil Sundgau drauf), für Wanderer sehr wichtig das Blatt 'Sundgau' (1 : 50.000) vom Club Vosgien.

- *Heimatkunde:* Das Hügelland wird gegen die Vogesen zu immer flacher (300 m), im Süden dagegen, im Jura (um Ferrette), steigt es fast bergig an (bis 700 m). *Drei interessante Täler*: das Largtal, das Illtal und das Tal vom Thalbach (Hundsbachtal).

Ill und *Larg* entspringen südlich Ferrette, bei Winkel. Die Ill nimmt das Juralängstal nach Osten, die Larg geht nach Westen. Beide verschwinden kurz, fließen unterirdisch weiter und bilden eine zweite Quelle. Dann biegen sie nach Norden ab, die Ill bei Oltingen, die Larg bei Levoncourt. Nördlich Altkirch, ab Illfurth gehts gemeinsam weiter.

Der *Thalbach* kommt als junger Hundsbach aus einem stillen Waldgebiet südöstl. Altkirch, fließt dann ab Knoeringue als Thalbach parallel zur Ill durch sein Haupttal und mündet noch vor der Larg bei Altkirch in die Ill. (Weiteres zum Hundsbachtal und seiner schwierigen Namenssituation siehe 'Östlich Altkirch)

- Die meistbefahrene und **wichtigste Straße** der ganzen Gegend, die *D 419*, führt von Basel/St. Louis über Hésingue auf dem Höhenrücken nördlich des Hundsbachtales nach Altkirch. Eine zweite - allerdings weit weniger befahrene - Hauptachse ist die D 473 Hésingue - Ferrette.

Im Bannkreis von Basel

Die schwierigen Orte

Das Währungsgefälle treibt Blüten: Ziehen Sie einen Kreis um Basel mit 20 km Radius, dann kennen Sie schon die Orte, in denen es nach aller Wahrscheinlichkeit unser Gasthaus nicht mehr geben kann: Das Gasthaus mit der ehrlichen, soliden Küche zu sympathischen Preisen, die Kneipe ohne imageträchtigen Firlefanz. Und wenn es tatsächlich einmal einen Helden gibt, der allen Versuchungen widersteht, einen gottesfürchtigen Menschen, der nicht habgierig ist, er müßte wirklich sofort unter Artenschutz gestellt werden.

Sie können es glauben, die paar vernünftigen Adressen sind längst abgefeiert, in Reiseführern über die Gegend abgelichtet, oft viel zu überschwenglich gelobt. In der Not frißt der Journalist eben auch Tiefgekühltes - und fabuliert danach vom "Erlebnis täglich frisch eingeflogener Fische", es liest sich eben verdammt gut.

So kommt es dann zur Dorfwirtschaft, deren Wirt nach allem (und nur teils berechtigtem) Lob den ganzen Rummel um seinen Greifvogel leid ist und neuerdings immer häufiger das 'Geschlossen bis 18 Uhr'-Schild an die Tür hängt, damit er und seine Freunde wenigstens in Ruhe ihr Bier zischen können...

Und wer ganz dick aufträgt, stürzt auch schon mal in der Startphase ab: Ein Opfer des Großstadt-Syndroms steht in **Neuwiller**. Das Basler-Magazin 3 berichtete am 19. 12. 91 darüber: "Die *Auberge de Neuwiller*, welche vor drei Jahren von den Radio-Basilisk-Betreibern Christian Heeb und Hansruedi Ledermann erworben und von einer Dorfbeiz zu einem Treffpunkt der Basilisken-Schickeria entfremdet worden ist, soll wieder verkauft oder in Fremdpacht vermietet werden. Die Dorfbewohner wollen den Grund für den Wechsel wissen: Die Radiomacher seien von den Spaziergängern, die früher auch wochentags den beliebten Ausflugsort füllten, derart im Stich gelassen worden, daß der Umsatz hinter den Erwartungen zurückhinke." Es gibt also noch eine Gerechtigkeit, *die Spaziergänger werdens richten!*

Die Situation ist nun hinreichend beschrieben, haben Sie in Basel-Nähe keine Illusionen, ohne große Erwartungen ißts sichs einfach leichter.

Von St. Louis nach Folgensbourg

Gleich hinter Hesingue kommt die Verzweigung Altkirch/Ferrette. Wir nehmen die ruhigere *D 473* links, Richtung Ferrette. Und jetzt ist schon Sundgau: weite Felder, Obstwiesen mit würdigen alten Riesen und 'die' Aussicht: herrliche Blicke in die Rheinebene, nach Basel, auf die Markgräfler Rebberge, Isteiner Klotz und die Schwarzwaldberge im Hintergrund, nach Westen ins Hügelland des Sundgaus, nach Süden zum Jura hin - mehr können wir nicht anbieten. An der höchsten Stelle, noch vor **Wentzwiller**, der Aussichtspunkt Belle-Vue (460 m) und das vornehme gleichnamige Restaurant:

■ *Bellevue*, in Alleinlage und ganz erhaben. Der verheißungsvolle Name trifft den Sachverhalt vollumfänglich. Sehr gute

Küche, empfehlenswert sind Wild, Spargel, filet de Boef Wellington und Coq au vin (auf Bestellung). Die Wirtsleute sind sich der Vorteile der befreiten Lage durchaus bewußt, eine Selbstsicherheit, die den Gästen nicht unbedingt zugute kommt. Manches wirkte für uns Kellerkinder eine Spur zu elegant und eine Spur zu teuer (Menu ab 250 FF). Doch an einem lauen Sommerabend im kleinen zauberhaften Garten sitzend (uniquement pour repas - nur für Verzehrende, von 12 - 14.30, 18.30 - 22 Uhr) den Blick auf das glitzernde Basel und in die Rheinebene gerichtet - da sollte man den Taschenrechner nicht mehr anstellen müssen. Restaurant Belle-Vue, RT: Di, Mi; Reservierung erwünscht: Tel. 89.68.60.59.

- *Kleiner Wanderausflug in die Schweiz*: gleich hinter dem Restaurant Bellevue zweigt links ein Sträßchen ab, das nach einem Kilometer auf die Wanderweg-Kreuzung Metzgermatten (380 m) mündet: rechts ein geteerter Weg am Golfplatz entlang nach Leymen (7,3 km), der ungeteerte Weg geradeaus weiter bergab führt nach CH-Schönenbuch (nur 1,1 km): zunächst nach Hagenthal hinunter, geradeaus über die Straße, am Restaurant Jenny vorbei und über die Schweizer Grenze (nur für Fußgänger erlaubt!) in den Basler Vorort **Schönenbuch** hinauf.

■ Hier steht das alte Badegasthaus, heute sicher eine der schönste Landwirtschaften weit und breit, das Gasthaus *Zum Bad*. Traditionelles, sehr behagliches Ambiente in einem großen, freundlichen Gastraum. Serviert wird von einer jungen Truppe solide, frische Regionalküche, auch vegetarische Gerichte - alles (auch das Fleisch) aus guten Grundprodukten, frei von Firlefanz. Weit überdurchschnittliche Qualität. Wenige Tische im Freien. Angenehme Mischung von Regional- und Stadtpublikum. Tel. (aus D) 0041-51-48.13.63. RT: Do und Fr-mittag.

Zurück auf die sundgauer Hügel

- *Gut bürgerlich essen* in **Folgensbourg**: Im höchstgelegenen Dorf der Hügelregion (460 m) liegt auch ein gastronomischer Höhepunkt in der aussterbenden Klasse, solide, einfache Küche in authentischer Umgebung. Noch in der Bannmeile - 20 km von Basel - und deshalb schmerzhaft überstrapaziert, ein uralt Treff für Basler Künstler und Intellektuelle: *Restaurant Jack* oder *L'Aigle*. Der bekannteste Geheimtip unter viel zu vielen Kennern - ein Ort, der eigentlich unter Naturschutz gehört. Geboten wird der beste Zwiebelkuchen der Gegend, vorzügliche Pasteten; Gulasch und Braten wie zuhause bei Muttern wahrscheinlich nie gekocht, dazu fades und zu weiches Gemüse wie wir es dann wieder gewohnt sind. So ab 19 Uhr geschl., Mo und Do Ruhetag. Tel. 89.68.61.11.

An der Straße nach Knoeringue liegt das große Hof- und Schloßgut *St. Apollinaris* (ehemalige Propstei der Zisterzienser-Abtei Lützel). Nach 1800 kam es in den Privatbesitz der Basler Familie La Roche, die hier in begünstigter Lage, ohne die Nebel und Fröste der Rheinebene, Obstkulturen anlegen lies. Heute reiht sich auf 'Bolleronis' (lokale Verballhornung) Spalier an Spalier, Hochstämme leider nicht in Sicht ... (Die kleine Freude für Apfelfreunde: im Obstgarten vom Ecomusée wachsen neuerdings Hochstamm-Apfelbäume mit alten sundgauer Sorten.)

Hinunter ins Leymental, zunächst nach

Hagenthal

le Bas / le Haut - ein Ort in der beliebten romanischen Zweiteilung und jeder Ortsteil besitzt ein Adelsschloß der Herren von Eptingen:

- Am Ortsrand von Hagenthal-Le-Bas unübersehbar das vor kurzem sauber renovierte Hotel/Restaurant *Jenny**, 84 rue de

Hégenheim. Viele Gäste haben vor dem Essen schon ihre Gymnastik absolviert, gleich gegenüber auf dem Golfplatz. Außergewöhnlich gemütlich ist der vordere holzvertäfelte, alte Gastraum, im angebauten Speisesaal wirds dann deutlich feiner (und teurer). Auch hier ist es klug, sich auf die (recht deftigen) Eintopf- und Gulaschgerichte, zur Jagdsaison vielleicht auf das Wild zu beschränken. Feineres, das nach einer differenzierten Zubereitung verlangt, wird leicht zum Glücksspiel. Das Gemüse - die alter Leier: fade, verkocht, phantasielos ausgewählt, die Saucen leider im Bereich höherer Viskosität. Die Bedienung gegenüber uns gemeinen Passanten war ärgerlich nachlässig. Allerdings: die Preise fürs Menu du jour (Mo - Do) sind äußerst zivil, samstags gibts Pot au Feu, ansonsten höherpreisige Menus (ab 150 FF), ordentliche Zimmer (Logis de France), Tel. 89.68.50.09, Mi geschlossen.

■ Wenns etwas einfacher sein darf, ebenfalls in *Le Bas*, das Dorfgasthaus *A la Couronne*, (Mo-abend und Do ganztags geschl., Tel. 89.68.18.85). Überdurchschnittlich ordentliche kalte Platten, Salade niçoise und Crudités durchaus empfehlenswert, für die Gegend wirklich preiswert. Schlichte, aber sympathische Atmosphäre in Gesellschaft bewährter, einheimischer Trinker. Auffallend große Weinauswahl. Neu im Angebot: ein großer Saal mit einem Holzbackofen wurde eröffnet, das heißt Flammkuchen (aber erst ab 19 Uhr)! Außerdem noch eine nette Sommerterrasse.

■ Gleich nebenan im Restaurant *Au Boeuf Rouge*, einer ehemals erdenschweren Dorfbeiz mit fritiertem Karpfen, Sauerkraut-Bäckaofa und selbstgebackenem Kugelhopf, wird jetzt 'Cuisine de Plaisir' gekocht - will heißen: vorwiegend leichtere Fischgerichte für etwas mehr Geld. Sohn Patrick Zimmermann hat natürlich auch beim einen und anderen der bekannten Buffos über die Platten geschaut, darunter auch beim unlängst verstorbenen Pierre Gaertner in Ammerschwihr. Fazit: Dicht vor Basels Toren hochbürgerliches zu ebensolchen Taxen, aber der Franken wirds schon richten. RT Mo, Di, Tel. 89.68.50.72.

Damit gibts im kleinen Hagenthal mittlerweile drei Gourmet-Restaurants. Das dritte steht im oberen Ortsteil, in *Hagenthalle-Haut:*

■ Vor einigen Jahren schon wurde die alte Dorfschmiede zur Feinschmecke aufgerüstet: *Ancienne Forge* mit 'Cuisine créative' zu recht scharf angezogenen Preisen. Dazu wieder das unvermeidliche Geschichtchen: der junge Küchenchef Hervé Paulus, der bei Fulgraff in Colmar gelernt hat, der danach bei . . . (Menu ab 190, der Siebengänger für 340 FF, Fischgerichte ab 130 FF), Käsebuffet von Bernard Antony. Ohne Spesenkonto schmerzhaft. RT: So, Mo, Tel. 89.68.56.10.

■ In derselben Straße das ehemalige Badegasthaus *Les Bains* mit der Quelle direkt unter dem Haus. Früher herrschte ein reger Badebetrieb, heute wachsen in der Badewanne vor dem Haus die Blumen. Die Gaststube ist einfach und dunkel, doch im Sommer klart es auf: eine nette Terrasse lockt, dazu Vesper und Bibbeleskäs.

Im kleinen Grenzort **Leymen** (südl. Hagenthal, unterhalb der Burgruine Landskron) eine ganz neue Adresse:

■ *Couronne d'or.* Das Goldene Faß in Basels Hammerstraße war der weithin bekannte Vorläufer. Dort war Vieles so, wie wirs lieben: Interessante Karte - Küche zum Reingaffen - schlichter, aber eleganter Gastraum - Wein aus Glaskaraffen (für die ruinös hohen schweizer Weinpreise konnten die Wirte ja wenig) - jede Platte wurde auf einem Kerzen-Rechaud serviert, phantasievolle Anrichtung, auch preislich lag das Ganze nie über der Schmerzgrenze.

Aber - eines war im Faß ärgerlich: an den langen Tischen saßen die Gäste aufgereiht wie Konfirmanden, für eine gemütliche Atmosphäre wars einfach zu eng und schon ein paar Lautsprecher konnten den ganzen Saal nerven. Anwärter auf die zweite Belegung am Abend gab's genug, so entstand leicht das unangenehme Iß- und Hauab-Gefühl. Weniger Tische zu stellen wäre bei den Innenstadt Pachtpreisen eine hehre Geste gewesen, aber da fehlte wohl der Sponsor. Also kam kein Tisch raus, sondern der ganze Betrieb zog raus aus der Stadt. Die unbefriedigende Situation, die städtische Enge ist nun aufgelöst: Urs Rusterholtz und Bernard Weber, die ehemaligen Wirte vom Goldenen Faß, haben beim zügeln auf's Land aber nicht nur eine geographische Grenze überschritten, auch ein neuer Kneipengedanke wird deutlich, Devise: Einfach gut kochen - Besinnung auf gute Ausgangsprodukte, Regionales und Saisonales. Wieder mehr mit Wildkräutern, Beeren und Pilzen arbeiten, die in der nächsten Umgebung wachsen - feine Öle und Essigsorten selbst zubereiten - mehr Fischspeisen weniger Fleischlappen, möglichst direkt bei den Produzenten einkaufen (kein umeinandergefahrenes Fleisch!). Saubere Produkte, nicht zuletzt Bio-Weine. Ein verblüffend einfaches, kompromißloses Konzept, das die meisten Gastwirte mit dem üblichen 'kei Personal, kei Ziit, deuri Miete' - Gejammere nicht einmal anzudenken wagen. Es gehört nicht viel Prophetie dazu: das Gasthauskonzept der Zukunft - ausgerechnet in Leymen.

Damit das Essen noch mehr Spaß macht, haben sich die Wirte auch noch viel Mühe bei der Renovierung des 200 Jahre alten Dorfgasthauses gegeben. Es wartet nun: ein großer schlicht, eleganter Jugendstilsaal zum Tafeln (A-la-carte-Gerichte um 90 FF. und Menus ab 150 FF., darunter auch das schon im Goldenen Faß beliebte Menu-Surprise). Ab 18 Uhr, Sonntags auch schon mittags. Um den Tresen ein unkompliziertes, kleines Bistro mit einfachem Speisenangebot ab 11 Uhr morgens. Im Mai roch alles noch sehr neu, aber bald wird hier ein weitbekannter Treff sein, im Werden ein Garten, die Terrasse und der alte, wieder aufgebaute Brotbackofen. Couronne d'Or, Leymen, Reservieren wird bald nötig sein: Tel. (0033)-68.58.04 - von Basel 068-68.58.04, RT Mo, Di. Von Basel auch mit dem Tram Nr. 10 ab Theater/Heuwaage erreichbar - dies ist vor allem am Sonntagmittag sehr wichtig, denn dann parkt ganz Basel entlang der Hauptstraße!

Die Freizeitpiste im Leymental

Radeln und Reiten auf der D 23

Das beliebte, streckenweise idyllische Grenzsträßchen D-23 führt vom Grenzübergang *Benken-Biel* (CH) über *Leymen* (F) bis *Biederthal* und *Wollschwiller,* immer wieder grenzüberschreitend, schließlich weiter in den Sundgau, nach Ferrette.

Anwälte erzählen neuerdings vom vermehrten Streitwillen der Bürger an Wochenenden und Feiertagen - entlang der D 23 fand die neue Unzufriedenheit der 35 Stunden Wöchner ein freudvolleres Ventil, es entstand ein Freizeit-Mehrzweckgelände: Darunter perfekt ausgeschilderte Radpisten und auffallend viele Schilder 'Pferdeboxen zu vermieten'; Reitplätze und Wochenendhütten zeugen noch unter der Woche von der sonntäglichen Übung. Die bohrende Frage nach dem Sinn des Lebens am Wochenende ist beantwortet, vorerst.

■ *Ziegenkäse - chèvre:* den allerbesten Geisskäs und den einzigen Bio-Geisskäs im Sundgau gibts von März bis Dezember in **Biederthal**, direkt an der schweizer Grenze (ab Endstation der 10-er Tram, in Rodersdorf ca. 15 Min zu Fuß). 36 bildhübsche Meckerziegen, dazu eine blitzblanke Käserei neben dem geschmackvoll restaurierten ehemaligen Schloß der Reich von Reichenstein. *Etienne Fernex* tändelt nicht herum: entweder - oder. Das Käsemachen hat er jedenfalls schnell begriffen, die Käserei existiert erst seit zwei Jahren und ist schon heute die Regio-Adresse für Ziegenkäse. Fernex bietet: ausgezeichnete Ziegenkäse unterschiedlichen Alters (darunter auch lang gereifte), sowie cremigsten Frischkäs (auch mit Kräutern). Verkauf ab Hof und samstags auf dem sonst eher sterilen Markt in Basel, ab und zu auch auf dem Bauernmarkt in Altkirch. Sprachprobleme kanns keine geben, denn der Künstler spricht sehr gut deutsch. Etienne Fernex, 56, rue Principale, 68480 Biederthal, Tel. 89.07.31.28.

■ **Wolschwiller**: Rest. *Au Cygne,* ein sehr schönes, altes Wirtshaus mitten Ort, direkt an der Kreuzung nach Oltingue. Bis vor kurzem gab es zum Ärger der Dorfbewohner nur Spielautomaten und wenig Eßbares. Seit März '92 wirbelt hier ein neuer, junger Besitzer - er hat alles ausgebeselt und Tische (leider häßliche, fette Plastikufos) vor seiner Wirtschaft plaziert. Ein Schild am Eingang signalisiert, wen der Jungwirt gerne verköstigt, ob die Mitglieder des 'Schweizerischen Radfahrer- und Motorradfahrerbundes' mit der Kost zufrieden sein werden, ist eine ganz andere Frage. RT Mi.

- **Lutter** (ca. 20 km südwestl. von Basel), ein hübsches Dorf mit alten gotischen Bauernhäusern und eine komfortable Adresse zum Wohnen und Essen - die beiden Häuser gehören zusammen: *Auberge et Hostellerie Paysanne*** (Logis de France-Mitglied), 24 Rue Wolschwiller. Tel. 89.40.71.67. Die *Auberge*, ein großes sehr solides Gasthaus im traditionellen Stil mit komfortablen Zimmern, liegt mitten im Ort. Eine gute, im Inneren freilich etwas sehr bürgerlich-barocke Adresse für Spargel, Wild, oder auch Wachteln nach Winzerart. Werktags nur mittags, So auch abends. Vorwiegend schweizer Gäste und einheimische Bourgeoisie, dafür nicht überteuert. Mo Ruhetag, 15 Tage im Februar.

Völlig neu restauriert die *Hostellerie Paysanne*, ein Bauernhof aus dem 17. Jh., am Ortsausgang, ca. 200 m von der Auberge entfernt, freie Lage mit mehr Sicht und Luft als im Stammhaus in der Ortsmitte.

Gartenwirtschaften im Sundgau

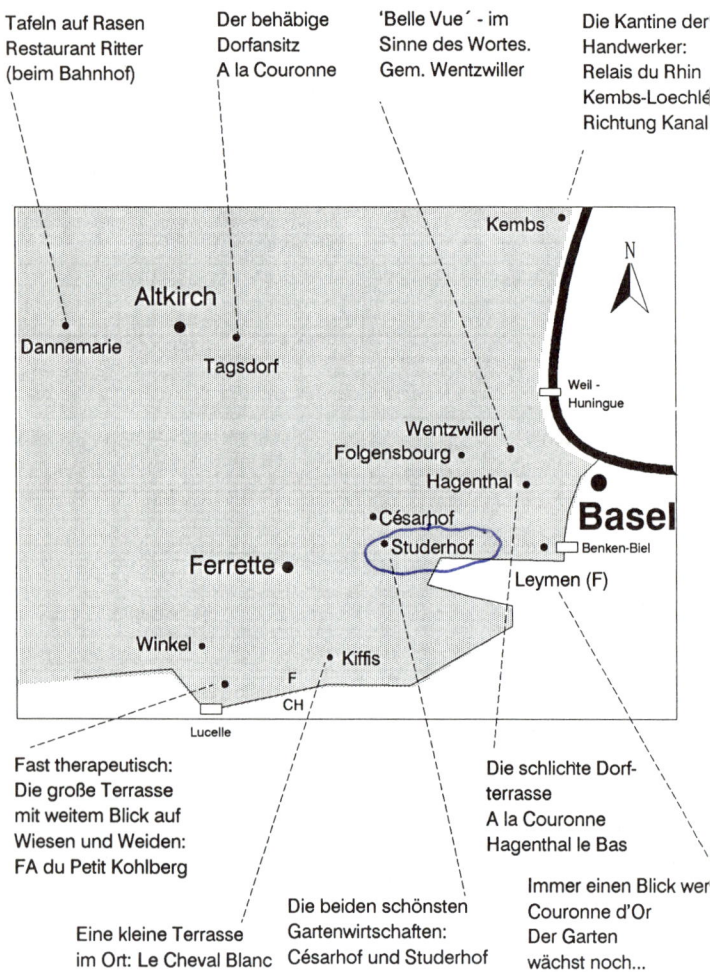

Tafeln auf Rasen
Restaurant Ritter
(beim Bahnhof)

Der behäbige
Dorfansitz
A la Couronne

'Belle Vue´ - im
Sinne des Wortes.
Gem. Wentzwiller

Die Kantine der
Handwerker:
Relais du Rhin
Kembs-Loechlé
Richtung Kanal

Fast therapeutisch:
Die große Terrasse
mit weitem Blick auf
Wiesen und Weiden:
FA du Petit Kohlberg

Die schlichte Dorf-
terrasse
A la Couronne
Hagenthal le Bas

Eine kleine Terrasse
im Ort: Le Cheval Blanc

Die beiden schönsten
Gartenwirtschaften:
Césarhof und Studerhof

Immer einen Blick wer
Couronne d'Or
Der Garten
wächst noch...

Nicht nur für Velofahrer

Gartenwirtschaften im Sundgau

Auf halbem Weg zwischen Basel und Ferrette liegen zwei der charmantesten Gartenwirtschaften des Sundgau nahe beieinander - an einem sonnigen Sommerwochenende ist allerdings mit Regimentern von neonbunten Velofahrern zu rechnen. Der ganze Sundgau eignet sich wirklich hervorragend fürs Genuß-Radfahren ohne zehrende Schinderei: meist nur leicht hügelig, die Steigungen milde und wadenfreundlich und deshalb auch noch nach einem Glas Wein zu bewältigen. Am schönsten vielleicht im Dreieck Dannemarie/Hagenthal/Winkel - aber nicht zu unterschätzen: der Anstieg von Bouxwiller nach Ferrette!

- **Césarhof.** Das große beliebte Gartenlokal liegt direkt an der Straßenkreuzung der D 21-bis mit der D 473, ca. 3 km südlich von Folgensbourg. Einfache Fleischlappenküche (mit: Kotelette, Steak, Schweinswürstli, Salat). Idealer Ausgangspunkt für ausgedehnte Waldspaziergänge. Keine Fremdenzimmer, großer Parkplatz für alle Nicht-Radler. Di geschl.

- **Studerhof,** der Gasthof mit Aussicht und fünf einfachen ruhigen Zimmern. 2 km südlich vom Césarhof, am Ortsrand von **Bettlach** gelegen, in übersichtlicher Hanglage direkt oberhalb der Straßengabelung Hagenthal/Ferrette. Große sympathische Terrasse, nette Bedienung und ordentliche (Vesper)-Küche: Speck, Munster, Obstkuchen. Die warme Küche bleibt ohne Höhepunkte, man muß sich hier eben an Lage und Stimmung laben, was ja möglich ist. Di-abend und Mi RT, ebenfalls großer Parkplatz. Die Zimmer haben zum Glück noch keinen TV und keine Mini-Bar. Deshalb kosten sie erfreulich wenig, 80 - 110 FF pro Zimmer, mit Dusche auf dem Gang. Zwei davon mit herrlicher Aussicht aufs Tal, die werden natürlich gerne von Stammgästen reserviert. Ferien vom 24. 12. - 2.1., 26. Juli - 16. Aug.; Studerhof, 9, rue de Bale, Bettlach, 68480 Ferrette, Tel. 89.40.71.49.

Südlich Bettlach, bei der Pfarrkirche St. Blaise, führt die D 9bis-/Leymen nach ca. 3 km an einer kleinen unauffälligen Abzweigung (beschildert) nach rechts in den Wald zu einem Parkplatz. Von hier aus führt ein Waldweg ca. 600 m bis zur Kapelle auf einer Lichtung (470 m):

- **St. Britzgi.** Die kleine Kapelle mit buntem bäuerlichen Barockaltar und gleich daneben ein *Bauernhof* mit einfacher Bewirtung (ab Anfang Mai bis Ende Oktober Fr, Sa, So). Gegenüber dem Kapelleneingang an einem der rotgestrichenen Holztische sitzen, Wein, Käse und Brot essen und zuhause den Anrufbeantworter anstellen.

Doch nicht immer zwitschern nur die Vögelein in den Hekken: D'r Britzgi wird am Wochenende sehr gerne von Wanderern, mountain bikern und natürlich auch vom gemeinen Kraftfahrer heimgesucht (auf dem Parkplatz im Oltinger Wald gibts schon eine richtige Parkordnung). Aber der heilige Briccius war schon viel früher (13. Jh.) ein Ziel. Pfingstmontag ist auch heute noch der Wallfahrtstag und am Dienstag wird das Britzgi-Fest gefeiert.

Oltingue (östlich Ferrette), ein hübsches kleines Dorf am Knick der Ill nach Norden.

■ In einem sorgfältig renovierten alten Sundgau-Haus in Dorfmitte das Bauernmuseum, *La Maison du Sundgau, Musée Paysan*. Alles, was mit der damaligen Landwirtschaft und dem bäuerlichen Handwerk zusammenhängt, ist hier ausgestellt. Geöffnet: Di - Do 15 - 18 Uhr; Sa, So 11 - 12, 15 - 18 Uhr.

■ Direkt daneben der kleine Teesalon *L'Oltinguette*, leicht von der Straße zurückversetzt. Im Angebot: verschiedene Sorbets mit viel Marc (auch Sauerkrautsorbet - keine besonders gelungene Variante), Gugelhupf, Obsttorten und Quiches. Öffnungszeiten: Di - Fr 9 - 12, 13.30 bis 21 Uhr. Und wichtig für die Sommerzeit: hinter dem kleinen Häuschen stehen ein paar Tische im Freien.

Bescheidenheit, im Herzen des Sundgau

Altkirch

Das bescheidene, in seiner ganz und gar unprätentiosen Art aber auch ansprechende Zentrum im Sundgau. Altkirch, auch offiziell Verwaltungszentrum und Haupt-Stadt (6200 Ew.), liegt in der Mitte zwischen Vogesen und Jura. Die hübsche, alte Oberstadt auf einem langgezogenen Hügel (312 m) hat was zeitlos Provinzielles - wie die Geschäft links und rechts der Hauptstraße, die geradewegs auf die Kirche mit dem kleinen Park zuführt.

Wegen seiner zentralen Lage wäre das Städtchen eigentlich der ideale Ausgangspunkt für Ausflüge in den Jura - aber es ist fürchterlich verschlafen. Das würde eigentlich nicht besonders stören, doch leider gibt es für Altkirch auch keine guten Tips zum Essen und Schlafen - wirkliche Provinz. Vielleicht ist auch deshalb das Tourismus-Büro das ganze Jahr über geschlossen. Ein Vorteil: Altkirch ist frei von jeder Art Touristen-Kitsch.

Weiterbildung: Altkirch wurde im 11. Jh. als spätere Hauptstadt der Grafschaft Pfirt gegründet. An der Stelle der heutigen Kirche (Mitte des /19. Jh.) stand die Burg der Grafen von Pfirt (Ferrette). Daß sie einmal recht stattlich war, ist noch heute an den Dimensionen des Kirchplatzes zu sehen.

■ Jeden Samstagmorgen bringt der Bauernmarkt in der Oberstadt etwas Leben ins Dorf: *place de la Halle au Blé*. Bis zu 17 Bauerhöfe aus der Umgebung bieten ihre Waren an, die es natürlich auch direkt bei ihnen auf dem Hof zu kaufen gibt. Geflügel, Brot, Gemüse und Obst. Daß die Eier wirklich von freilaufen Hühnern stammen und daß das Obst und Gemüse nicht mit Kunstdünger und Pestiziden behandelt wird, wird vom Amt *Sundgau 2000* (eine mit EG-Mitteln großzügig bedachte, erst 1991 geschaffene Behörde) überprüft. Von dort kommen auch die Richtlinien für mögliche Anbieter. Die Kriterien sind nicht ganz so streng wie beim *kontrolliert* ökologischen Anbau (in Frankreich z. B.: Demeter oder Nature et

Progres, in Deutschland z.B. Demeter und Bioland). Dennoch ist der Altkircher Erzeugermarkt ein vernünftiger Versuch, den Bauern der Gegend eine sinnvolle Anbauweise näherzubringen und bei der Vermarktung zu helfen. Die Adressenliste der Mitglieder mit ihren verschiedenen Produkten liegt an den Ständen aus. *Wir gratulieren:* Ein sinnvolles, konkretes Ergebnis von Sundgau 2000; wo ansonsten aber mit Europageldern oft nur Planstellen und und viel, viel Wind erzeugt wird.

Zurück zum Markt: Auch das Käseangebot ist wieder ausgezeichnet, allein der Käsewagen von Maitre Antony sorgt dafür. Ab und zu gesellt sich auch der hochfeine Bio-Ziegenkäser aus Biederthal (vgl. oben) dazu.

Übernachtungsmöglichkeiten - eher für Notfälle:

Am Ortsrand an der Einfahrtsstraße aus Richtung Basel liegt das Hotel: *La Terrasse***, 44 - 46 rue du 3eme Zouave. 20 preiswerte Zimmer (Logis de France). Tel. 89.40.98.02.

3 km außerhalb Altkirch, an der alten, heute stark befahren Straße nach Belfort (D 419), steht das einfache Mittelklasse-Hotel/Restaurant *Auberge Sundgovienne***, etwas von der Straße zurückversetzt hinter Bäumen versteckt. Der Springbrunnen im kleinen Park läßt ahnen: beliebtes Wochenendziel französischer Familien. 29 ordentliche Zimmer (Logis de France), nicht überteuert. RT Mo, Dimittag, Ferien von Weihnachten bis Februar. Auberge Sundgovienne**, 68130 Carspach, Route de Belfort. Tel. 89.40.97.18.

Östlich Altkirch

Wahlbach, 8 km nordöstlich Altkirch, Richtung Basel - nicht verwechseln mit Walheim, ein paar Kilometer weiter westlich, das liegt an der Straße D-432 Altkirch/Muhlhouse

■ 💡 Beim Durchfahren auf das zierliche Schild mit der Kuh achten, in dem hübschen, alten Sundgau-Fachwerkhaus finden Sie die *Käserei Wahlbach* von Eva und Trevor Whitmarsh. Hier gibt's den besten Rohmilch-Kuhkäse, der keinen Vergleich im Elsaß *und* Sundgau scheuen muß! Sparen Sie sich das Essen in der aufgedonnerten Feinschmecke schräg gegenüber und kaufen Sie hier ein!

Der Name verrät es, die Beiden sind keine typischen Sundgauer Buure. Sie kommen aus England und sind erst seit 6 Jahren bei der Käserei - auf eine unkonventionelle, weil völlig natürliche Art: Die beiden haben ca. 2 ha Weideland gepachtet, soviel, daß die Weidefläche - ohne Kunstdünger - für ihre 6 Kühe reicht. Ihre Tiere ernähren sich ausschließlich von eigenem Gras und Heu - es wird nichts zugekauft. Die schwarzgefleckten, hübschen Vogesenkühe, deren Fortbestand vor wenigen Jahren durch den Einsatz von leistungsfähigen, aber problematischeren, weil anfälligeren Rassen in Gefahr war (vergleichbarer Fall im Schwarzwald: die Hinterwälder-Kühe), sind schon eine Freude zum Ansehen. Aber der Käse kann einen dann wirklich süchtig machen: Ein halbfester Käse Typ *Tomme,* ein Hartkäse im Stil *Gruyère*, außerdem *Frischkäse* in sechserlei Variantionen. Die kleine Käserei entspricht modernstem Hygienestand und würde selbst dem pingeligsten deutschen Lebensmittelprüfer jede Möglichkeit nehmen, irgend eine Kleinigkeit zu bemängeln! Und das alles in einem liebevoll restaurierten Sundgauer Riegelhaus.

Der Käse wird selbst vermarktet, ein Engagement, das andere (einheimische) Sundgauer Bauern längst aufgegeben haben, deren Milch wird ausnahmslos an die Genossenschaften abgeben. Die *Fromagerie de Wahlbach* ist auch einer (der leider noch seltenen) Beweise, daß Quereinsteiger oft mit den besseren und marktfähigeren Konzepten antreten als die traditionellen Ständevertreter, die nur noch lamentieren oder im Subventionschor mitsingen. Verkauf direkt ab Fromagerie oder: im Käseladen *Glauser* in Basel am Spalenberg; Colmar: *Jacky Quesnot*, rue St. Nicolais; Freiburg: *Käse-Rücker* am Münsterplatz. Adresse: Fomagerie Wahlbach, 56, rue principale, 68130 Altkirch, Tel. 89.07.84.15.

■ Besagter Feinschmeckertreff liegt gleich schräg gegenüber: *L'Auberge de la Gloriette*. Es wird gut gekocht, doch selbst auf die Gefahr hin, daß es langsam langweilt, auch hier wieder die alte Krux: edle Dekoration, aber auf die Qualität und auf die Frische der Grundprodukte wird wenig Wert gelegt - die Tiefen der Truhe sind unergründlich. RT Mo, Di, Tel. 89.07.81.49. Ferien in der 2. Augusthälfte. Menu zwischen 180 - 330 FF.

■ Zum Übernachten in der Nähe von Altkirch und Mulhouse: Hotel/Restaurant *Au Soleil***, 10, rue du Maréchal Foch, Wahlbach, 14 Zimmer (120 - 200 FF), Menu 150 - 210 FF, Do geschl. Tel. 89.07.81.48.

Käse aus Rohmilch

Rohmilch ist unbehandelte, nichtpasteurisierte Milch - so wie sie von der Kuh kommt. Durch das Pasteurisieren, also durch das Erhitzen und durch weitere Konservierungsmethoden werden nicht nur etwa vorhandene schädliche Bakterien getötet, sondern vor allem die nützlichen, die für eine naturgemäße Käsereifung unerlässlich sind. Käse aus Rohmilch ist in Frankreich noch verbreiteter als in Deutschland, er wird aber auch im Mutterland der Käsekultur mehr und mehr von standardisierten Industrieprodukten verdrängt.

Eine Entwicklung, die nun besonders in den französischen Supermärkten zu beobachten ist, wo in den Käsetheken zwar noch -zig verschiedene Sorten liegen. Größtenteils aber Schachtelware oder Durchschnittskäse, der fast aller aus großen Fabriken stammt, die sich im Verpackungsdesign besser auskennen als in der traditionellen Käserei.

- Bei der Herstellung von Industriekäse aus pasteurisierter Milch werden künstliche, im Labor gezüchtete Bakterienstämme beigefügt, die für problemlose Verkäsung sorgen. Solch *pasteurisierter Käse besitzt einen Durchschnittsgeschmack*, er reift nicht, er wird einfach alt. 10 verschiedene Comtés von 10 verschiedenen Käsereien können alle gleich schmecken. Anders bei Käse aus Rohmilch (*lait cru*), er schmeckt - je nach Käserei - von Ort zu Ort anders, abhängig vom Gras und den Kräutern, das die Kühe, Schafe oder Ziegen fressen, abhängig von den Bakterienkulturen und natürlich von der Tiersorte.

- *Pasteurisierter Käse altert nicht*, sondern er trocknet steril vor sich hin. Er verändert sich so wenig wie Plastik. Rohmilchkäse reift, sein Geschmack ändert sich, schließt sich mit dem älterwerden auf, wird intensiver. Bevor er seinen absoluten Geschmackshöhepunkt erreicht, bedarf er noch einer Pflege beim Reifen. Um den Käsefachmann Pierre Androuet hat sich in Frankreich die Gilde der *Affineurs de fromages* gebildet. Rund 2 Dutzend Leute im ganzen Land, die sich um den handwerklich hergestellten Rohmilchkäse kümmern. Fachleute, die Käse im richtigen Zustand bei den Produzenten kaufen und sie in ihren eigenen Reifekellern so lange pflegen, bis die Käse den besten Reifegrad erreicht haben - erst dann werden sie verkauft.

Aber auch dann verträgt der Rohmilchkäse das Kühlschrankklima schlecht - besser ist es, ihn in den Keller oder an einen anderen kühlen Ort zu legen, am besten in einer Käseglocke aus Steigut, die Feuchtigkeit speichern kann und den Käse so vor zu schnellem Austrocknen bewahrt.

Obwohl Käse aus Rohmilch eine wundervolle Sache ist, wird der größte Teil des Käses - auch in Frankreich - längst aus pasteurisierter Milch hergestellt. Der Grund ist einfach: Die Käsefabrikation aus pasteurisierter Milch ist problemlos und großtechnisch beherrschbar, so entstehen konstante, überall gleich gut vermarktbare Serienprodukte. Die Herstellung von Rohmilchkäse in größeren Serien ist dagegen zeitaufwendig, die Resultate sind natürlichen Schwankungen unterworfen, kein Produkt für den Euro-Warenhandel am Terminal.

Die EG ist wieder dran ...

Der Schwachsinn hat Methode: In zyklischen Abständen bereiten die Eurokraten immer wieder Gesetzesvorlagen zur Verhinderung von regionaltypischen Lebensmitteln vor und schaffen sich damit selbst immer wieder neue Arbeit und Legitimation. Am Rohmilchkäse hat man sich in Brüssel zuletzt 1991 abgearbeitet. Die Vorlage wurde aufgrund zahlreicher Proteste - vor allem aus Frankreich und Italien - zunächst einmal zurückgestellt, bis zum nächsten Mal. In den Richtlinien für eine Eurokäseproduktionen war nur noch Käse aus pasteurisierter Milch vorgesehen (der günstig nur in großen Fabriken produziert werden kann), die Einfuhr von Rohmilchkäse sollte verboten werden - wogegen sich natürlich Frankreich, Spanien und Italien, die klassischen Rohmilchkäseländer, wehrten.

Auf deutscher Seite haben es die kleine Käsereien, die Käse aus Rohmilch herstellen, noch nie leicht gehabt. Es existieren Bestimmungen, die einem die Tränen in die Augen treiben: So darf Rohmilch-Frischkäse (Quark, Bibiliskäs) direkt auf dem Hof, nicht aber auf Märkten angeboten werden .... Und Gastwirte, die jahrelang Bibbeleskäse aus Rohmilch auf ihrer Karte hatten, bekamen die größten Probleme mit den Ämtern.

Und erinnern wir uns an die Vernichtungsaktion gegen den *Vacherin*, den herrlichen Weichkäse, der im schweizer und französischen Jura hergestellt wird. In der Schweiz erkrankten jedenfalls einige Leute nach Vacheringenuß, später stellte sich dann heraus, daß der Käse mitsamt der Rinde gegessen wurde. Beim pasteurisierten Käse schmeckt die Rinde genausowenig wie der Rest, deshalb wird sie oft mitgegessen. Beim Rohmilchkäse ist dies anders, denn die Rinde schmeckt oft scharf, manchmal regelrecht abstoßend, sie sollte entfernt werden und kann bei einzelnen Sorten und unter bestimmten Reifebedingungen (wie im Falle Vacherin) offensichtlich auch schädliche Bakterien enthalten. Und fix wurde der Käse in der Schweiz vom Markt genommen, die gesamte Produktion als ungesund bezeichnet und verboten. Wenn jemand Citrusfrüchte oder Bananen mitsamt Schale verzehrt, hätte sein Magengrimmen dann auch so drastische Folgen?

- *Was will uns diese Geschichte sagen?* Bei den meisten Ansätzen zur Reglementierung der Lebensmittelproduktion ist das eigentliche Ziel immer dasselbe: Das Schaffen von Vorteilen für gut vermarktbare Einheitsprodukte, die lange halten und überall in gleicher Qualität verfügbar und damit international verhandelbar sind. Wer handwerklich erzeugten, regionaltypischen Käse sucht, wird in den französischen Supermärkten nicht mehr fündig. Chancen zum guten Käseeinkauf gibt es in Frankreich dennoch ungleich mehr als in Deutschland:

- bei den im genannten Käsefachgeschäften
- direkt bei den empfohlenen Käsereien
- auf den Ferme-Auberges, die außerdem auch auf den wichtigen Märkten im Elsaß verkaufen (Hinweise im Ortstext).

Nach all der Aufregung nun ein lohnender Ausflug ins Hundsbachtal, entspannend wie Baldrian:

In Tagsdorf, ein paar km östl. Altkirch auf die D 16 abbiegen ins abgeschiedene Hundsbachtal. Nördlich-parallel zum Illtal und nur wenig südlich der schnell und viel befahrenen D 419. Sofort und unvermittelt kommt beruhigende Landschaft, die wir ja alle suchen. Lassen Sie die weltvergessenen Sundgaunester mit dem spitzgieblig Fachwerk und den Bauerngärten auf sich wirken (und stören Sie sich nicht an den wenigen neugebauten Einfamilienhäusern im Euro-Instant-Stil): durch Schwoben, Hausgauen, Hundsbach, Franken, Jettingen, Knoeringue bis hinauf nach Folgensbourg. Bei sehr großem Erholungsbedarf ist die Strecke auch mit dem Fahrrad empfehlenswert (angenehm eben bis Knoeringue, dann kurze Steigung nach Folgensbourg).

Unübersichtliche Namensverhältnisse: Als kleiner Hundsbach kommt das Bächlein aus einem Waldgebiet von Süden, bei Knoeringue fließt er als 'Talbach' im Haupttal (das wird allerdings wird bis Schwoben durchgängig 'Hundsbachtal' genannt) weiter und mündet östlich Altkirch in die Ill. Also der Thalbach im Hundsbachtal ...

Westlich Altkirch

Dannemarie (10 km westlich Altkirch, an der alten Straße Altkirch-Belfort), ein hübsches Städtchen an der Larg und am Rhein-Rhône-Kanal. Eigentlich ein schöner Ausgangspunkt für Ausflüge ins Sundgau, doch leider ohne Unterkunft (außer Privatvermieter). Das einzige Hotel hat die Fenster zugenagelt, vielleicht findet sich bald wieder ein neuer Wirt.

- 💡 Etwas außerhalb des Zentrums, direkt gegenüber vom Bahnhof das seit Jahren bewährte *Restaurant Ritter*: eine charmante ländliche Einkehr mit einem herrlichen Grasbodengarten. Am Wochenende das Ausflugsziel größerer Gesellschaften. (Di geschl., leider, leider keine Zimmer). Spezialitäten: Wild, Geflügel, carpe frite und frische Forellen - blau, Müllerin Art oder für Unerschrockene mit Bergen von Mandeln. Mittlere Preise, für das Gebotene nicht überteuert. Großzügiger sympathischer Speisesaal, kleinere Separees - und das so seltene Sommervergnügen: auf einer Wiese neben Obstbäumen tafeln ...

Gommersdorf (gleich nördlich Dannemarie): Das kleine Dorf gehörte einmal zu den prächtigsten Bauerndörfern im Sundgau - aber die fetten Jahre in der Landwirtschaft sind bekanntlich vorbei, im Sundgau allemal. An die gute Zeit erinnern noch ein paar der alten liebevoll restaurierten Sundgau-Bauernhäuser.

Ausflug ins Largtal

Das Largtal gehört zweifellos zu den schönsten Tälern des Sundgaus - idyllisch, ohne anstrengend zu werden: links und rechts romantische Dörfer zwischen Feldern und Wäldern, bunte Fachwerkbauernhäuser und Kirchen mit Scheitweck, so heißen die typischen sundgauer Satteldachtürme.

Und ganz nebenbei: entlang der Larg haben sich noch zwei Wirtshäuser erhalten, die zu den nettesten im Sundgau zählen.

Das erste steht in **Ueberstrass,** einem kleinen Dorf mitten im Reich der Karpfenteiche:

- 💡 Das *Restaurant du Soleil* wirkt von außen auf den ersten Blick vielleicht etwas arg gewöhnungsbedürftig renoviert, aber schon beim Eintreten fällt jeder Zweifel. Das Wirtshaus von Francois Wadel trifft mitten ins Herz. Es wäre die Stammkneipe, läge sie nicht so weit abseits, aber wahrscheinlich strahlt die Sonne gerade deshalb so erfreulich. Und alles bleibt hoffentlich noch lange so wie's ist: Rot-weiß-karierte Decken, der Tresen mit Resopalvertäfelung, solide Küche ohne Firlefanz. Die Fritten kommen nach Art der Zieharmonika gedreht auf den Tisch - "wir scheuen keine Kosten"- meint der Wirt lakonisch. Und wer endlich einmal die Sundgauspezialität erleben möchte: hier ist eine der ganz wenigen guten Gelegenheiten für *carpe frite* - noch schwimmen sie im Bassin draußen im Gang. Außerdem im Angebot sind Forellen (leider auch Frösche), Zander und Fleischgerichte. Kurz und gut: wir fühlen den Wolf in uns - es ist wirklich ein Hochgenuß, sich hier mal schrankenlos zu mästen; dazu kommt als Dessert wirklich nur die Eismeringe mit Liebesperlen in Frage. Di-abend und Mittwoch geschlossen, Ferien: 2. Junihälfte und 1. Hälfte Oktober. Gekocht wird bis 21 Uhr. Mittagsmenu zu sehr entspannten Preisen, abends wirds teurer.

Das Restaurant an der Larg-Quelle 'A la Source de Larg' wird im Kapitel 'Die Umgebung von Ferrette' beschrieben.

Südlich Altkirch

Vor *Heimersdorf* lädt kein Ort entlang der stark befahrenen D 432 zum Verweilen ein, erst hinter der Hottentotten-Wellblech-Siedlung wirds richtig Sundgau: die ersten Forellen- und Karpfen-Teiche, saftige Weiden, der Verkehr läßt nach, die Erholung kann beginnen.

Wer's nicht eilig hat, sollte schon im Weiler **Hirtzbach** (3 km südl. Altkirch) von der D 432 abbiegen. Gleich drei seltsame Eindrücke bleiben:

- *Ein bißchen Holland:* das langgestreckte Dorf reiht sich ordentlich regelmäßig beiderseits am Hirtzbach entlang, einem Seitenbach der Ill.

- *Ein bißchen Märchen:* An der östlichen Dorfseite steht hinter einer unwirklichen Eibenallee das noch unwirklichere weiße Schloß der Herren von Reinach-Hirtzbach.

- *Und jetzt wirds bizarr*: auf dem Afraberg am südöstl. Ortsrand, steht eine der Afra geweihte Kapelle mitsamt wundertätiger Quelle. Die hl. Afra lebte im 4. Jh., war ein leichtes Mädchen, das sich bekehren ließ und danach umgebracht wurde - seither wird sie als Beschützerin der Prostituierten verehrt. Warum gerade hier in Hirtzbach - nun ja, was die Quelle heute bringt, wissen wir auch nicht.

Von Hirtzbach aus weiter dem Illtal nach Süden folgen, ist weniger interessant, denn erst im obereren Illtal, ungefähr ab Fislis (auf der Höhe von Ferrette) kehrt die gewünschte Sundgau-Ruhe ein. Dagegen führt die kleine D17 verträumt durch Weiden und Wiesen, ins *Largtal* (s.o. 'Westlich Altkirch').

- **Feldbach** (6 km nordöstl. Ferrette): Direkt an der Kreuzung Altkirch (D 432)/Folgensburg (D463) das *Cheval Blanc*. Die Tische im Freien, direkt an der Straße, sind nicht für Romantiker gedeckt, aber drinnen wirds netter. Ein schöner großer Gastraum mit Tresen, links und rechts davon die beiden Ausleger - alle drei Räume sind mittags fast immer gut gefüllt. Billige, täglich wechselnde Mittagsmenus (abends wirds teurer: Menus von 70 - 250 FF) ziehen Geschäftsleute, Handwerker und ganze Familien aus der Umgebung an. Leider kommt aus der Küche eher Belangloses, manchmal auch Ärgerliches. Ruhetage Di-abend und Mittwoch.

Ferrette

Die Pforte zum Jura - zwischen Rossberg und Schlossberg im engen Katzenbachtal - ist ein klein wenig zum touristischen Zentrum des Sundgaus geworden (730 Ew., 40 km südl. Mulhouse, deutsch: Pfirt). Außer ein paar Andenkenläden und etwas herausgeputzer Gastronomie darf man sich darunter freilich nicht viel vorstellen. Ein Treffpunkt, eher für jene ratlosen Touristen, die ohne historische Entschuldigungen nicht unterwegs sein können. Endlich gibt es wieder was zu sehen und endlich sagt auch der Reiseführer was dazu:

Die steile Hauptstraße des Städtchens, die Rue du Chateau, führt zu den Burgruinen des Stammschloßes der Grafen von Pfirt, die über zwei Jahrhunderte den Sundgau regierten. Von der oberen Plattform (612 m) bietet sich auch wirklich ein schöner Rundblick über das Sundgau bis weit in die Vogesen und den Schwarzwald. Im Pfirter Land geht das sanftwellige Hügelland über in den herberen elsässischen Jura (Morimont, Glaserberg, Raemel), seine Ausläufer reichen bis nach Basel (Bruderholz, St. Margarethen).

Beine vertreten: Von der obersten Burg führt ein Wanderweg (erst blauer, dann gelber Balken) zur *Grotte des Nains* (Zwergenhöhle), in einer eindrucksvollen Felsenlandschaft gelegen.

Ein paar hübsche Gasthäuser locken mit Sonnenterrasse - schön aber nur zum Cola-Trinken oder Mutzig-Kippen, keines der Häuser fällt aus dem durchweg mittelmäßigen Rahmen. In Kiffis, Oberlarg oder Lutter warten die besseren Adressen (s.dort).

■ Einer fällt aber in Feretste ganz bestimmt auf, ein Besessener in Sachen Käse: *Bernard Antony* im Ortsteil Vieux-Ferrette. Hier können Sie besten Käse in großer Auswahl kaufen (Verkauf im *Käskaller*: Mo - Fr 13.30 - 18.30 Uhr, Sa 9 - 12 und 15 - 18 Uhr). Oder auch ausgiebig in seiner Kässtuba probieren (Do, Fr und Samstag ab 19.30 Uhr, So ab 17 Uhr). Adresse: 17 rue de la Montagne Tel. 89.40.42.22, Vieux Ferrette, 68480 Ferrette (an der Kirche vorbei, dann links). Zu den beliebten Käseproben - die etwas theatralisch ablaufen - ist Voranmeldung ratsam. Oft kommen größere Gruppen und für Zufallsgäste ist dann kein Platz mehr, zu zweit kann man aber öfter Glück haben.

Antonys Stammhaus liegt zwar etwas abseits, dafür steht er mit seinem herrlichen Käsewagen fast täglich auf einem der Märkte im Sundgau und um Mulhouse: Mittwoch in Riedisheim; Freitag in Hüningen (nahe Basel); Samstag in Altkirch.

- Wer Straßenfeste mit Jahrmarktcharakter mag: Am 3. Sonntag im September tobt der **Sundgauer Buremärt** in *Durmenach* bei Ferrette. Im Zentrum der eigentliche Buremärt, Kartoffelverkauf am Nordeingang, Weinstände mit Degustation aus Elsaß und Markgräflerland. Wenn's sein muß: Helikopterflüge bringen den Überblick.

Die Umgebung von Ferrette

Die kleinen Dörfer in der Umgebung von Ferrette und südlich davon, schon nahe an der schweizer Grenze, gehören zu den nettesten Orten im Sundgau - weit genug entfernt von den Zentren Basel und Mulhouse. Alltagsziele ohne große Namen, ideal zum Streunen.

Bendorf

Das kleine verborgene Dorf, in einer Talmulde, 6 km südwestlich Ferrette, liegt völlig im Abseits. Deshalb hier die genaue Anfahrt: Von Ferrette auf der D 432 in südl. Richtung. Bei der Kreuzung D41/D41II auf einer Anhöhe rechts ab nach Bendorf. Oder folgen Sie einfach den großen Schildern vom Holzofenbäcker:

- *Boulangerie Patisserie A. Dangel.* Aber erwarten Sie dort keine Bäckerei, sondern ein einfaches Bauerhaus. Das Brot, die Baguettes, Croissantes und süßen Teile liegen im Schopf auf Regalen. Das Brot wird auch auf dem Markt vom Käsemeister *Antony* in Riedisheim (Di) und Hüningen (Fr) verkauft, außerdem Sa in der Markthalle vom *Marché Canal couvert* in Mulhouse (gleich beim Haupteingang). 1, rue de la Chapelle, Bendorf, 68480 Ferrette, Tel. 89.40.40.75.

- Ordentlichen **Kuhkäs** gibts, ebenfalls in Bendorf, bei *Carol Juen*, 4, rue de Ferrette. Im Sortiment (alles aus Rohmilch) Bergkäs, Frischkäs, eine Art Munster und Bibbeleskäs. Samstags auch auf dem Markt in Village Neuf.

- Südwestlich Bendorf (D 41II), an der Straßenkreuzung nach Durlinsdorf, liegt links ein Gasthaus, das eigene Ferme-Produkte anbietet: *L'Auberge du Vieux Moulin de Bendorf* (ganzjährig geöffnet, Mo, Di geschl., Tel. 89.40.81.38). Ein großer Gastraum mit solider Balkendecke und bollerndem Ofen im Winter, welch eine wohlige Ausnahme im Land der zugigen Gaststätten! Die alte Mühle (1747) hat leider keine Terrasse oder einen Garten - an einem Sommernachmittag also nicht unbedingt das Wunschziel.

Auf der Farm gibts Gänse, Hühner, Ziegen und Truthähne und so sieht die Speisekarte auch aus: Täglich 3 Menus (von 90 bis 210 FF) und Tellergerichte, vorwiegend Geflügel, zur Saison Wildgerichte. Auf Bestellung gibts auch Cous-Cous, Bouillabaisse oder Paella. Vesperteller mit farmeigenen Produkten: Pasteten, Ziegenwurst, Speck oder Gänseschinken (etwas arg streng der hausgemachte Ziegenkäse). Die Küche ist ehrlich und bemüht, die Portionen üppig. Das Brot dazu natürlich selbstgebacken und oft noch ofenwarm, die Bedienung herzlich. Nicht mehr, nicht weniger.

- Dem Gasthaus angeschlossen ist ein kleiner Laden, in dem alles verkauft wird, was die Farm hergibt. Frisch und in Dosen. Das gleiche Angebot gibts auch samstags auf dem Bauernmarkt in Altkirch.

Ligsdorf (4 km südlich Ferrette) liegt am obersten Lauf der *Ill*, die hier mehrfach entspringt und immer wieder verschwindet.

■ Außerhalb von Ligsdorf (rechts unterhalb der Straße nach Hippoltskirch, D 21 b) die große Nummer: wieder eine alte Mühle, diesmal neu und aufwendig renoviert und um einiges vornehmer als in Bendorf: *Le Moulin Bas,* der Hausprospekt wässert einem den Mund, verkündet er doch "das königliche Versprechen" - für alle. Dazu zählt ein leistungsfähiger Parkplatz, sodann verschiedene Stuben und Winkel für jeden Romantikanspruch. Ein Ort, "wo sich rustikale Behaglichkeit paart mit modernstem Komfort" (nochmal O-Ton Prospekt). Jeder bekommt, was er verdient: die Familie, Bauersleute und Handwerker aus der Region sitzen in der "Elsässer Stubä" und essen Bauernspeck und Münsterkäs, derweil sich "profunde Gastrokenner" im Mezzanine bei frischesten, saisonalen Leckerbissen treffen. Im Sommer geht es im Garten und auf der Terrasse bei kleineren einfacheren Gerichten etwas gelöster zu. Jeden Mittwochabend gibt es Flammkuchen (Tisch-Reservierung erwünscht).

Es ist klar, was die Mühle will - Konferenzreisende mit ordentlich Geld und dazwischen ein paar Wanderer, Radfahrer und sonstige Hungrige als Füllung. Ein weiter Spagat, die Küche unterlag denn auch (zumindest anfangs) starken Schwankungen. Bald sollen noch 30 Hotelzimmer mit 4-Sternkomfort entstehen, schaun mer mal . . . Mo, Di geschl., Tel. 89.40.31.25, Faxen geht auch: 89.40.37.15.

Oberlarg

Ein kleiner Weiler im stillsten Sundgau, westlich von Winkel (ca. 50 km südl. Mulhouse, ca. 30 km von Basel). Anfahrt: Von Ferrette auf der D 432 nach Winkel, hinter Winkel rechts auf die D 41 nach Oberlarg abbiegen.

■ Ja, auch das gibt's noch: Eine Oase im Windschatten von Mulhouse und Basel - das schlichte Wunder, ohne Schnellstraßenanschluß: *A la Source de Larg.* Zunächst ein eher unscheinbares Gasthaus am Ortsrand, wie das in der Provinz eben so ist - und jetzt aufgepaßt, es prasselt Birnen und eigentlich darf man so was garnicht sagen und schon garnicht schreiben. Aber wir sind halt nicht wie die erwachsenen Kinder, die ihr Geheimtip-Spielzeug nicht hergeben mögen. Das beste Gasthaus im Sundgau! Oder, der sympathische Familienbetrieb, bei dem alles stimmt. Ausgezeichnete ländliche Küche zu sehr menschenfreundlichen Preisen. Zwei Governiiume, vorne beim Tresen die einfache Stube, in der mittags die Montagetruppe von EdF tafelt, dahinter der größere, nur etwas gediegenere Speisesaal für die größere Familientafel.

Schon die Suppen stimmen melancholisch, weil sofort klar wird, welch seltene Ausnahme so eine Bouillon geworden ist. Auch weitgereiste Frittenfreunde werden entzückt sein: strohhalmdünn, raschelnd. Spezialität des Hauses sind Forellen - blau, Müllerin, gebacken, sowie die selbstgemachte Königinpastete mit 4 Sorten Pilzen. Zur Jagdzeit auch feine Wildgerichte. Sonntags üppige, aber nicht schwere Braten, während der Woche Tagesgerichte, stets sorgfältigst zubereitet. Immer bestes Bauernbrot und eine liebenswürdige, aufmerksame Bedienung. Die Wirtsleute sind die Eltern der Besitzer vom feinen 'Tonnelle' in Riedisheim (vgl. 'Übergänge'). Daß der Wirt ein paar Probleme mit den Lachmuskeln hat, nehmen wir angesichts des Aufgetischten gerne in Kauf.

Das Lob wäre kaum so euphorisch, wüßten wir nicht um die Verlässlichkeit des Hauses, das auch dem irgendwann einsetzenden Andrang mit Qualität und nichts als dieser standhalten wird. Menus von 35 - 80 FF, dazu freundlich kalkulierte Weine. Di-abend und Mi geschl., sonst bis ca. 21 Uhr geöffnet, keine Terrasse, dafür drei Gästezimmer (Logis de France), die mitunter auch von Dauermietern belegt sind. Aber es wird gebaut: Appartements sollen bis Sommer 92 fertig werden! Tel. 89.40.85.10.

Erdkunde: Die *Larg* entspringt bei Oberlarg am Westhang des Glaserbergs. Nördlich Altkirch bei Illfurth fließt die Larg zur Ill. Das Quellgebiet der *Ill* liegt in Winkel, die junge Ill verschwindet aber schon am Ortsrand wieder und kommt erst in Ligsdorf wieder ans Tageslicht.

Wanderungen im Südzipfel des Sundgaus

- Von Winkel um den Glaserberg, der westlichen Fortsetzung des Schweizer Blauen (10 km, ca. 3 Std., Höhenunterschied 150 m. Winkel verlassen auf der Rue de la Chapelle, an der Weggabelung vor der Kapelle geht es rechts (blaues Dreieck) über den Kilberg (647 m), Neuneich, Grand Kohlberg zurück nach Winkel.

- Von *Oberlarg* auf die Burgruine *Morimont* (Mörsperg). Die Hauptstraße (D 41) am Restaurant 'A la Source de Larg' (s.o.) vorbei, nach ca. 2 km biegt links ein Feldweg ab (kleines Holzschildchen), der hinauf bis zu einem neu und aufwendig renovierten Bauerngasthof führt: *Auberge du Morimont* (535 m). Ein Ausflugslokal, ohne besondere gastronomische Ambitionen, am besten noch der Flammkuchen aus dem Holzofen. Im Winter nur sonntags geöffnet, im Sommer täglich außer Mo, Ferien im Februar, Tel. 89.40.88.92.

Vom Restaurant führt ein fast ebener Fußweg in wenigen Minuten zur Burgruine, wegen seiner Bequemlichkeit im Sommer ein vielbegangener Familienparcours, post tabulam. Das Schloß wurde noch kurz vor dem Dreißigjährigen Krieg ausgebaut und bald darauf zerstört. Zurück blieb die Ruine mit ihren mächtigen Türmen aus der Zeit um 1450/1500, sowie ausgedehnte unterirdische Kasematten (Zugang ist zur Zeit nicht möglich, es wird restauriert).

- Wanderkarte *Club Vosgien*: Ferrette - Mulhouse (1:50.000), beim Syndicat d'Initiative Ferrette oder in Buchhandlungen in Mulhouse.

■ Die einzige *ferme auberge* im Sundgau - zwischen **Winkel und Lucelle**, gegenüber dem Jura und 1 km von der Schweizer Grenze: *Ferme Auberge du Petit Kohlberg* (678 m). Erwarten

Sie aber nicht das kuschelige Ambiente eines alten Bauernhofs. Petit Kohlberg ist eine Neuanlage mit wenig Charme und einem erst kürzlich eröffneten antiseptischen Hotel. Aber die große Terrasse der *ferme auberge* versöhnt einen: fast therapeutisch, der weite, ruhende Blick auf Wiesen und Weiden. Einfache Gerichte (auch Menus), Crudités, Sauerkraut mit Beilagen, Hähnchen und verschiedene Vesper. Ganzjährig geöffnet, Di Ruhetag, Betriebsferien im Februar, an Pfingsten und Fasnacht. Das Hotel hat 35 helle und moderne Zimmer (275 FF, bis auf Februar ganzjährig geöffnet, Tel. 89.40.85.30). Anfahrt: Auf halber Strecke zwischen Winkel und Lucelle (D 432), bei einer Gruppe von Höfen 'Les Verreries', von Winkel kommend links auf einen schmalen asphaltierten Weg abbiegen.

- *Auch das noch*: Kurz vor der Grenze schwebt uns eine Wolke der Depression entgegen, sie kommt aus Richtung *Lucelle*. Dieser Grenzort ist mehr als bizarr - das *Maison de Familiale Vacance St. Bernard*, ein Treffpunkt großer Geheimbünde? Ort großer Entscheidungen? Parkplatz für Ratlose? Ohne das Rätsel zu lösen, geht die Reise weiter . . .

Ausflug in den schweizer Jura

Schafskäs - Brébi: Vom kleinen, fast schon melancholisch entlegenen Grenzübergang Lucelle (Lützel) ist es nur ein Katzensprung zur feinen Schafskäserei von *Mme. Clothilde Frund*, gleich hinter der schweizer Grenze in Bourrignon (CH). Sie bekommen dort allerbesten Schafkäse aus 100 % Lait de Brebis - frischer, unbehandelter Schafsmilch (deshalb nur von Mitte März bis Mitte November). Herrliche Frischkäse, pur und angemacht in Öl, sowie ältere Schafskäse, Feta und sahnige - wunderbar natursaure - Joghurts (wie die besten in der Türkei). Wer Clothildes Joghurts nur einmal geschmeckt hat, ahnt gleich die Folgen: nichts wird mehr so sein wie zuvor - vergeßt Zott, adieu Emmi, verlasst Breisgau-Milch. Die Käserei ist nicht leicht zu finden, da sie nicht immer ausgeschildert ist (wenn der Käse knapp wird, verschwindet das Schild): am Ortsausgang auf der linken Seite ein kleines Bauernhaus, Nr. 7a, Tel. 066/56.63.37, CH-2803 Bourrignon. Mme. Frund (spricht franz., kein Deutsch) verkauft ab Hof und auf dem Sa-Markt in Delémont.

Weiter in Frankreich: Vom Grenzübergang Lucelle führt auf unterbrochen französischer Seite (verworrene Grenzübertritte ohne Zollkontrolle) eine schattige Strecke im Tal der Lucelle weiter. Nach knapp 8 km kommt die Abzweigung rauf nach:

Kiffis

Ein kleines Dorf nördlich der Lucelle. Bis 1871 gingen die Kinder von Kiffis noch in der Schweiz in die Schule.

- 💡 Eine der besten Adressen zum Übernachten in dieser entlegenen Ecke: Die absolute Ruhe, für Wanderer, Tagträumer und Fahrradfahrer, in einem einmalig knallpinklila gehaltenen Haus in freier Lage am Ortsrand - nicht zu übersehen: Hotel/Restaurant *Auberge du Jura*** (600 m), 8 sehr saubere und sehr ordentliche Zimmer (Logis de France), dazu in dem angebauten Glaskasten eine gute Küche mit gerechten Preisen (Tagesmenu 45 FF), RT Mo, Ferien vom 20. August - 11. Sept. Auberge du Jura**, 45, rue Principale, Tel. 89.40.33.33.

- Mitten im Dorf: *Le Cheval Blanc*, der Ortstreff. Auf dem kleinen Freisitz können Sie oft schon an einem sonnigen Februartag ein Gläschen Wein trinken! Geschmackvoll schlichter großer Gastraum. Die Holztische stehen großzügig weit auseinander, an den Wänden eine schlichte Holzvertäfelung ohne viel Tünnef, auf dem Boden schönes Parkett, das alle Schuhe zum Quietschen bringt. Ordentliche Küche, schwer bemüht (Tagesmenu 40 FF 20), rue Principale.

- **Das Blaue Wunder für Pferdefreunde:** Ein geschmackvoll renoviertes Fachwerkhaus, großformatig blau gestrichen: das *Maison Bleue* liegt am Ortsrand von Kiffis, am Südhang vom Blauenberg (680 m). Der Reitstall heißt denn auch 'Zum Blaue'. Ein Familienbetrieb mit großen Ideen: Im neuen, hellen Pferdestall (20 Boxen) stehen derzeit bis zu 10 Pferde zu Ausritten bereit. 2 bis 3 Reiter können auch direkt auf dem Bauernhof übernachten (pro Person 50 FF pro Nacht), oberhalb des Bauernhofs werden derzeit noch weitere Übernachtungsmöglichkeiten (für 12 Personen) geschaffen.

Es gibt Reitstunden oder Ausritte (von mehrstündig bis zu mehreren Tagen - diese bis in die Vogesen, mit Übernachtung im Heuschober). Schöne Idee: die Tagesausritte zum Nachbarn, zum Ziegenkäser in Biederthal - mit Mittagessen und wieder zurück ... Man wird abwarten müssen, wie sich die Ideen entwickeln, bis jetzt war Jean Walther immer sehr schnell mit der Realisierung. Adresse: Jean Walther, 1, rue de Wolschwiller, 68480 Kiffis. Tel. 89.40.35.25.

Mehr über Reitgelegenheiten im Elsaß und Sundgau stehen im: *Guide Touristique equestre* - beim Touristenbüro (s. Adressen) erhältlich.

Mulhouse

1 Marché am Canal Couvert
2 Rest. La Rascasse
3 Butterblume-Käseladen
4 Pastaladen Village Italienne
5 Rest. Le Cellier
6 Fischgeschäft Lang
7 Rest. Le Bistrot

altes Zentrum

Mulhouse

Nach Strasbourg die zweitgrößte Stadt des Elsaß mit 225.000 Einwohnern im Großraum Mulhouse. Wichtigstes Zentrum für Stoffdruck in Frankreich und Mittelpunkt der Industrie am Oberrhein (Peugot, Rhône-Poulenc, PEC Rhin). Auf den ersten Blick nur eine triste Industriestadt, umgeben von ausufernden Schlafsteppen. Wer sich aber mit der Tristesse arrangieren kann, findet im Zentrum eine recht anregende, weitgehend souvenirfreie Mischung von Städtischem und braver Provinz. Der hohe Ausländeranteil sorgt für einen Schlag Exotik und Reibung. Für Freunde historischer Stadtarchitektur und heiler, gepflegter Stadtbilder ist Mulhouse freilich kein zwingendes Ziel.

Mülhausen war eine der ersten Fabrikstädte Europas. Schon früh umgaben großzügige Arbeitersiedlungen den Stadtkern. Die Entwicklung nach der industriellen Gründerzeit war nicht von bürgerlich, großstädtischen Ideen geprägt, sondern das Abbild ungünstiger Zeiten: Nach dem 2. Weltkrieg lag Mulhouse über Jahrzehnte im Schatten einer strikt zentralistischen Pariser Politik, die alles mögliche im Sinne hatte, aber gewiß nicht die Förderung von randständigen Zentren. Eine Stadt, in der ein Großteil der Bevölkerung untereinander Elsässerdeutsch sprach, durfte von Paris nicht allzuviel erwarten.

Nach den beiden Weltkriegen blieb wenig von der Altstadt übrig und der schwere Weg in eine ärmliche Moderne hat viele Wunden hinterlassen, die noch heute deutlich sichtbar sind. Die Anfahrt ins Zentrum wirkt aus allen Richtungen trist bis quälend. Die Libanonzonen der Außenbezirke bleiben niemandem erspart und der alles überragende häßliche Europaturm, der einmal zum Wahrzeichen einer neuen Stadtmitte werden sollte, zernichtet schon von weitem die letzte Hoffnung architektonischer Feingeister.

Bei diesem Entrée wird es zwischen Mulhouse und dem Tourismus immer einige Probleme geben. Außer einem bescheidenen Nachbarschaftstourismus bleibt es bei Zufallsbesuchern. Ab und zu kreuzen ein paar verängstigte Holländergespanne parkplatzsuchend über den Marktplatz. Wo die Illusionen so gründlich zerstört sind, kann man wieder unbeschwert mit dem Reisen beginnen. Ohne Verzierungen gleich zum Wesentlichen:

Der Marktplatz

Der *Marktplatz,* die *place de la Réunion,* versöhnt selbst Romantiker wieder ein bißchen: leuchtend bemalte Fassaden, das schön restaurierte frühere Rathaus und die protestantischen Kirche St. Etienne (Vorsicht: Kunstbanausen entlarven sich, wenn sie wegen der neogotischen Architektur vom Mülhauser *Münster* sprechen, Kathedrale hört der Kunstlehrer lieber). Bald wird der Platz auch autofrei sein - derzeit wird intensiv an der Verschönerung und Beruhigung gearbeitet - bis Ende des Jahres 1992 bleibt er aber eine laute Baustelle. Die zentrale Parkmöglichkeit bietet das Parkhaus *Réunion* (freie Plätze div. Parkhäuser werden in der Innenstadt durch ein Leitsystem angezeigt).

■ *Crèmerie Butterblume* oder *Bouton d'Or,* eindeutig 'der' Käseladen in Mülhausen, direkt am Marktplatz. Das blaugetünchte schmale Haus fällt gleich ins Auge. Sauberer und gut gekühlter Verkaufsraum mit einer besonders großen Auswahl an brébis, kleinen Ziegen- und Schafskäsen (jenen optisch dem Mistbollen ähnlichen Köstlichkeiten, mit denen der Freiburger Käsehändler Stähle einst so große und publikumswirksame Probleme bekam). Außerdem auch verschiedene Hart- und Bergkäse. Nicht gerade billig, aber sein Geld wert! Dazu die üblichen Beiprodukte, Butter, etc.

■ Was fehlt: Ein paar wirklich schöne, authentische Straßencafés, da und dort stehen zwar ein paar Stühle auf dem Pflaster, das original französische Boulevard-Gefühl will bei solch spärlicher Bestuhlung und Bewirtung aber nicht aufkommen. Intensive Suche können Sie sich schenken, es wird nirgendwo in der Innenstadt viel besser. Fazit: Mit dem nächstbesten Tisch vorlieb nehmen - und sich auf die weiten, aussichtsreichen Gartenterrassen des Sundgau freuen, vgl. dort.

■ *Au Village Italien*, 34, Rue Henriette (Mittagspause wie fast überall von 12 bis 14 Uhr). Täglich frisch gemachte Nudeln, Pilz- und verschiedene Sorten Ravioli, außerdem eine gute (!) Sauce Bolognaise.

- *Kaufhaus Globe:* In der Feinkostabteilung ordentlicher Käse und Nudeln.

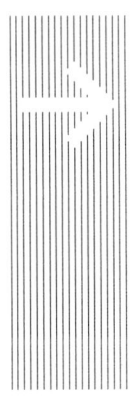

Vorsicht Ladenöffnungszeiten: Ab Punkt 12 Uhr findet das öffentliche Leben nur noch in den neueren Einkaufsvierteln um *FNAC* und *Globe* statt, der Rest geht zu Tisch. Am besten Sie schließen sich an. Ein kleines Menu, ein Glas Wein und die Welt schaut schon richtig französisch aus. Um ehrlich zu sein, keines der ach so hübschen, kleinen Restaurants um den Marktplatz herum (s.u. 'Weinstuben') ist qualitätsmäßig bemerkenswert, aber es ist einfach nett, dort zu sitzen.

Eine andere Welt

Der Markt am Canal Couvert

Ein Hauch Süden, dazu ein wenig Chaos und eine Prise Exotik: Ein großer Marktplatz mit gedeckter Halle und befreit orientalischer Schwarzfuß-Atmosphäre (Leserbriefe zwecklos!). Der Markt in Mulhouse gehört - vor allem am Samstag - zu den letzten authentischen und großen Märkten der Region. Eine lebhafte Einkaufsquelle und kein schicker Versammlungsort von gelangweilten Gattinnen. Besonders wegen der vielen Stände, die von Marokkanern und Algeriern betrieben werden, ist auch die Angebotspalette wesentlich breiter, exotischer, als auf den doch recht monotonen Märkten in anderen Städten der Region. Ganzjährig große Stände mit frischen Gewürzkräutern, auch im tiefsten Winter Berge von Koriander (gut für Fischgerichte, und zur Erinnerung an Portugal!!) und verschiedene (!) Minzesorten, Wermuth und alle Kräuter fürs Lamm.

In der großen Halle mehrere Lamm- und Hammelmetzgereien, ein guter Fischstand, Stände mit offenem Couscous, verschiedensten Hülsenfrüchten, 10erlei Sorten Henna usw., usf., - für Freunde bunter, tatsächlicher Marktkultur, die noch nicht zur schicken Kulisse verkommen ist, ein Muß! Ideales Samstagsprogramm.

- Im *F r e i e n* tobt das orientalische Leben zwischen Obst, Gemüse und Klamotten. *Zur Orientierung, jeweils von der Innenstadt her gesehen:* rechts eine lange Reihe mit nordafrikanischen Händlern, (ganzjährig) herrliche, frische Gewürzkräuter. Linke Seite, entgegengesetzt vom Halleneingang u.a.: Ein Bretone mit Austern (in sechs Größen, zw. 45 und 16 FF/Dutzend!, Gambas, Shrimps. Linke Langsseite, nahe beim Eingang der große Stand der Ferme Christlsgut: Frische Fermeprodukte, darunter guter Käse, Butter, zur Saison herrliche Pilze. Eine Freude ist im Sommer das Angebot an großen Bauernsträußen; sag's ohne Fleurop!

- In der *H a l l e* : An den Längsseiten rechts und links Orient-Metzgereien (großes Angebot an Lamm, Hammel, Schaf, darunter: Bouzana - gute Merguezen!, gleich daneben: Pferdemetzgerei Francois Fillinger. Gleich beim Haupteingang: großer Brotstand mit gutem Holzofenbrot (aus Bendorf im Sundgau), auch in abendfüllenden Riesenformaten. Gegenüber dem Haupteingang auf der rechten Seite ein ausgezeichneter Fischstand (großes Seefischangebot). Das dazugehörende Fischrestaurant heißt *Rascasse* (s.u.). In der Halle, wenig entfernt vom Fischstand, ein Biostand mit vorzüglichem Essig. Rechte Längsseite: Biostand mit Rohmilchkäse.

In der Hallenmitte: Stand mit offenen Grundprodukten, vorzüglicher Couscous in 2 Körnungen, verschiedene offene Bohnensorten, (auch die klassischen Maghrebsorten für den 12 Stunden Eintopf). Ebenfalls Hallenmitte: 'Mulhouse exotique', Lebensmittel (viel Dosenware), Getränke, Kosmetik und Firlefanz aus den französischen Überseenestern: Antillen, Réunion, Madagaskar, usf.

Marktzeiten: Di, Do (stark eingeschränkt, der Fischstand bleibt oft unbesetzt und die interessanten kleineren Käsestände im Freien fehlen) - (bei weitem am größten) und Sa am Marktplatz und in der angrenzenden großen Markthalle am Canal Couvert, (A-36, Ausfahrt 'Automobilmuseum'). Parkplatz gleich nebenan, zu den Hauptmarktzeiten aber viel Andrang.

■ Als E x t r a : das *Markthallenrestaurant*, an der linken Längsseite der Halle (ein paar Tische, für jene, die den Markt nicht aus den Augen verlieren möchten, reihen sich schon außerhalb der Wirtsstube gegenüber den Ständen), bringt die richtige Mischung aus dunklem Tabak, Rotwein und Stimmung, dazu preiswerte und erfreulich solide gekochte warme Mittagsgerichte, manche kommen speziell zum Essen hierher. Am Samstag drei Menüs zur Auswahl, zwischen 45 und 60 Francs, darunter der Klassiker: Suppenfleisch mit fünf Sorten Salat. Man darf natürlich kein distinguiertes Etablissement erwarten, aber herrlich für einen kernigen Mittag. Geöffnet nur an den Markttagen von, halb sechs morgens bis halb sechs abends. Frankreich wir lieben dich ...

- Für die weniger volkstümlich Gestimmten, ja selbst sensiblen Geistern zumutbar: *Pot au Feu*, gehobenes Restaurant direkt gegenüber der Markthalle, täglich geöffnet (s.u.).

Für Fanatiker der Nockenwelle und andere Narren:

Zwei interessante Museen (beide sind am einfachsten direkt von der Autobahn zu erreichen, sie sind deutlich ausgeschildert)

■ *Musée Francais du Chemin de Fer*: Mitten in einer der häßlichsten Industriebrachen von Mulhouse und längs der ersten internationalen, 1841 eingeweihten Eisenbahnstrecke Strasbourg-Basel: Ein Museum, das uns eine längst verschwundene Art der Bewegung in Erinnerung bringt: das würdevolle Reisen. Ja, nicht nur Schmetterlinge kommen uns abhanden, auch die Mobilität ist um einige ihrer reizvollsten Klassen ärmer. "Nacht für Nacht von Paris an die Cote d'Azur", im schwarzblauen Méditerranée Express. Geruhsam Schlafen im Luxusabteil des "Train Bleu", Frühstück beim Transit der Provence und am Morgen erholt in Nizza die Sonne anblinzeln - all das war noch bis 1929 möglich.

Oder: der Komfort-Reisezugwagen von 1850, eine Fußbank für den Gast, mit Pflanzenöl gespeiste Lampen, die Tischchen im Speisewagen so liebevoll gedeckt wie wir dies heute in keinem Restaurant mehr vorfinden. Oder: der Präsidentenwagen von Charles De Gaulle (1890 - 1970), mit Ankleideraum, Schreibtisch, Röhrenradio - faxfrei. So ein Regieren muß eine Wonne gewesen sein, alles Geschichte ... Wo würdevolles Reisen immer schwerer wird, soll man sich wenigstens erinnern dürfen. Im Musée du Chemin de Fer, kommt die Phantasie unter Dampf. Lassen Sie den Jogging im Schrank, ziehen Sie sich ordentlich an und nehmen Sie genug Zeit mit und im Winter auch eine warme Mütze, denn in den großen, ungeheizten Hallen kann's so bitterkalt werden wie in der 3. Klasse.

- *Musée Francais du Chemin de Fer*, 2, rue Alfred de Glehn (benannt nach einem der Großen in der Geschichte der Dampfmaschinen). Anfahrt auf der A 36: Ausfahrt Mulhouse-Ouest (beschildert), tägl. 9 - 18 Uhr (April-Sept.), tägl. 9 - 17 Uhr (Okt. - März), Eintritt 35 FF. Die wichtigsten Etappen der frz. Eisenbahngeschichte werden dokumentiert: auf 6 nebeneinanderliegenden Gleisen stehen vorzüglich restaurierte Dampflokomotiven, Dieselloks, Triebwagen und Güterwagen. Die angeschlossene Cafeteria holt einen wieder in die (bittere) Realität.

■ *Musée National de l'Automobile*: Daß uns der Wohlstand zu Maulwürfen des guten Geschmacks werden ließ, wird einem auch im Automobilmuseum, einer der großen Automobilsammlungen der Welt, auf die lustvoll-schmerzhafte Art vorgeführt. (Vorsicht Ästheten: Schon ein einziger Besuch kann den Verkauf ihrer alltäglichen Kotzknolle von Golf bis Passat einleiten, doch was kommt danach?).

Einerlei, recht schmerzhaft war der Zwang zur endgültigen Form schon für die Gründer der Sammlung, die Gebrüder F. und H. Schlumpf (früher bekannt und zu Geld gekommen als Textilkönige des Elsaß). Wie jedem wahren Sammler, wurde auch ihnen die Leidenschaft zum Verhängnis, 1976 war die Sammlung weltberühmt und das Unternehmen bankrott. Der Schlumpf'sche Trieb war recht spezifisch ausgeprägt, besonders auf Ettore Bugattis Kraftwagen hatten es die Schlumpf-Brüder abgesehen. Alle, die zu kaufen waren (123) und noch einiges mehr (440 weitere, elegante Karossen) stehen seit 1982 hier, auf 2 km Länge, in den ehemaligen Fabrikgebäuden zur Besichtigung - 900 barocke Leuchter lassen den Lack leuchten und feuchten die Sammleraugen.

- *Musée National de l'Automobile*, 192, av. de Colmar, tägl. 10 - 18 Uhr, außer Mai - Sept. Di geschl.

■ *Musée de L'Impression sur Etoffes.* Das ehrwürdige große Gebäude, das älteste Museum von Mulhouse, wurde 1883 im neuen Viertel beim Bahnhof gebaut. Dahinter stand die Idee, eine Art Verwertungsgesellschaft Stoff zu schaffen. Eine Dienststelle also, die Copyright-Überwachung und Vergabe von Stoffmustern betreibt. Mit dazu gehörte ein Verzeichnis der Gewebezeichen sowie hinterlegte Original-Mustersammlungen. Die Museumssammlung umfaßt heute über 3 Millionen copyrightfreier Muster und Papierabdrücke (von Ende des 18.Jh. - 1940), die jüngeren Zeichnungen sind 50 Jahre lang gesetzlich geschützt. Hier holen sich also Herr und Frau Designer, diese kreativen Schlingel, ihre neuen Ideen. Auch wer weniger gewe(r)blich orientiert ist, findet Interessantes:

- Im 1. Stock werden Färbereivorgänge und Produktionstechniken dokumentiert: Handdruck mit Holzmodels und gravierten Kupferplatten. Vorne an der Stirnseite die Gravuren-Werkstatt eines Kupferstechers, wo die zum Stoffdruck benötigten Models und Walzen angefertigt wurden. Beeindruckend, wie die Tiefenwirkung der Muster mithilfe von gravierten Kupferplatten entstand: je tiefer die Gravur, desto mehr Farbe konnte sich darin festsetzen, desto stärker die Tiefe der Muster - selbst bei einfarbigem Druck.

Die von Hand betriebenen Maschinen lieferten 200 m Stoff pro Tag (zum Vergleich: mit modernen Maschinen können heute 50 bis 100 m Stoff pro Minute bedruckt werden!) - für ein Damenkleid wurden in der damaligen Zeit immerhin 15 m verschafft. Mit der Erfindung des Endlosdrucks wurde die Produktion weiter gesteigert, ganz hinten im Saal steht die einfarbige Druckmaschine von 1809, die den Druck mit gravierten Kupferplatten ablöste, die 4-Farb-Zylinderdruckmaschine kam 1853 dazu.

Im hinteren Saal und entlang der umlaufenden Balustrade einen Stock höher sind die kostbaren Stoffe, Wand-Teppiche ausgestellt, außerdem indische und orientalische Baumwollstoffe.

Vorne beim Eingang gibts verschieden bedruckte Tücher zu kaufen, wählen Sie zwischen dem 'Sturm auf die Bastille' und den üppigen elsässer Blumenornamenten, den geliebten Spinn- und Pfingstrosen. Die beschauliche Ruhe der Ausstellungsräume ist allerdings in Gefahr: Visuelle Belebung durch Filmvorführungen und Lehrgänge im Selber-Färben sind für die Zukunft schon angekündigt. Volkshochschule ist überall.

- *Musée de L'Impression sur Etoffes*, 3, rue des Bonnes-Gens, 89.45.52.20, nur 100 m vom Bahnhof. Geöffnet von 10 - 12 und 14 - 18 Uhr, Di, Karfreitag und 1. Mai geschlossen. (Eintritt 25 F, Kombibillett für Tapetenmuseum in Rixheim 37 FF.

Weinstuben

- Nur ein paar Schritte vom Marktplatz, in der *passage de l'Hotel de Ville* (neben dem bekannten Restaurant Guillaume Tell, das gerade vollständig renoviert wird) ein kleines Restaurant im Bistrostil: *La Terrine*. Täglich wechselnde Menüs (78 FF) oder andere kleinere Gerichte, crudité, salade niçoise, Zwiebelkuchen, Quiche Lorraine. Ordentliche, keine feine Küche, nette Bedienung. Bei schönem Wetter werden auch ein paar Tische ins Freie gerückt.

- In der Rue Henriette Nr. 9, einer Seitenstraße, die direkt auf den Marktplatz mündet (zwischen Butterblume und Buchhandlung): *Winstub Henriette*. Tagesgerichte und andere Kleinigkeiten stehen stilgerecht auf der Schiefertafel über dem Tresen. In dunkelgemütlicher Atmo drängen sich kleine Zweiertischchen. Die Bedienung ist aufmerksam und zwischen halb eins und halb zwei konzentriert bei der Sache, denn über Mittag wirds hier schlagartig rammelvoll. Die meisten Besucher werden vom Wirt mit Handschlag begrüßt. Also Stammgäste, das Essen demnach besonders fein - wäre messerscharf zu schließen. Aber auch Franzosen dürfen irren. Die gute Henriette taucht zwar in jeden Reiseführer als Ultra-Tip auf, aber da hat mal wieder einer vom anderen abgeschrieben. Die Atmosphäre stimmt - aber erwarten Sie nicht allzuviel von der

Küche: Vorsicht vor dem fetten Zwiebelkuchen und den bleichen, leukämischen, impotenten Fritten! Sa-abend, So und Feiertage geschl., abends bis 22.30 geöffnet., Menus ab 55 FF.

Etwas weiter weg vom Marktplatz, aber gut von dort aus zu Fuß erreichbar:

■ 💡 Der König der krachdünnen Flamm- und Zwiebelkuchen: Le Cellier, 4, rue des Trois Rois (vom Marktplatz über die rue Henriette hinaus nach Osten) So geschl. Zwei Gastschläuche, die mittags ebenfalls rammelvoll werden. Ein jeder wird hier ausnehmend freundlich und gut behandelt, selbst im durchschwitzten Radlertrikot. Der eindeutige Höhepunkt der Küche ist zweiffellos der Flammkuchen, es gibt 3 Arten (von 30 - 37 FF). Damit er schön warm bleibt, wird immer nur die Hälfte serviert. Und würde eigentlich für zwei genügen, würde . . .

Auch das übrige Angebot wird großzügig bemessen, leider alles auf einem Teller aufgehäuft. Es gibt 4 eher mittelmäßige Tagesmenus (45 bis 110 FF), garniertes Sauerkraut, Kalbskopf, gekochtes Rindfleisch, Forelle mit Mandeln. Wer keinen Flammkuchen ißt, hat selbst Schuld.

Restaurants

■ *Le Bistrot* - und wieder einmal ein Beweis, daß es zur guten Küche keinen traditionell ausgebildeten Koch braucht und schon garkeinen, 'der bei Dings in Bums gelernt hat'. (Was ja unter unabhängigen Fachleuten, die wir alle sind, ja ohnehin unbestritten ist!) Schon die anfangs gereichte Rillette schmeckte außerordentlich fein - und es kommt noch besser! Das vereinzelte Vorurteil, daß Fisch nicht auf Sauerkraut gehört, wird hier in Grund und Boden gekocht. Wer gerne Fische oder Muscheln ißt und überhaupt mit dem ganzen Krustentierkomplex zurecht kommt, findet hier - in einem kleinen, persönlichen Restaurant - eine beachtliche, sehr solide zubereitete Auswahl, ohne preistreibenden Schnickschnack.

Nach dem Essen unbedingt einen Kaffee bestellen, dazu kommt nämlich die beste Schokolade der Welt: *ein Täfelchen Valrhona*, 75% Kakaoanteil!

Dem Architekten gebührt ein extra Lob, er hat aus einem Wohnzimmer ein angenehmes Bistrot gestaltet, mit 2 Toiletten, in denen sogar eine volle Körperdrehung möglich ist! Für mehr als 25 Personen und ein paar Warteplätzen an der kleinen Bar reicht der Platz allerdings kaum - also besser vorher anzurufen. Es wird bis 22 Uhr gekocht! 11, rue Poincaré, Tel. 89.46.00.24. Sa, So Ruhetag. Plat du Jour 75 FF, abends à la carte 100 - 200 FF.

■ *Au Quai de la Cloche*, 5 quai de la Cloche (unmittelbar neben der Markthalle). Hier befinden wir uns wieder im gobelinbezogenen Polsterreich, im Tempel mit der hohen Rückenlehne. Alles sehr vornehm gedämpft. Die Küche ist in Ordnung, die Preise ebenfalls. Wem die plüschige Atmo nicht paßt, kann die Gänseleber auch mit nach hause nehmen. Enten-Angouillettes, Gänseleberschnitten, Samittag, So-abend, Mo geschl., 15. 7. - 15. 8. Menus 150 bis 300 FF.

■ Schräg gegenüber, auf der anderen Seite der Markthalle das speziell wegen der Fischgerichte gelobte *Pot au Feu*: Der Fisch kommt in recht guter Qualität, aber für unseren Geschmack oft in einer etwas zu dicker Sauce, auf den Tisch. Auch anderen Gerichte sind gut, aber eben nicht fein. Ungewöhnlich aromatische Kalbspastete und als Dessert leider Industriekäse. Für elsässer Verhältnisse vernünftige Preise, kl. Menü um 100 - 145 Francs, Fischgerichte ab 90 Francs; die Hausspezialität das große Pot au Feu mit Meeresfrüchten ab 2 Personen 140 FF. Das alles hört sich vielleicht gar nicht so außergewöhnlich an, doch wer mehr will, muß andernorts um einiges tiefer in die Tasche greifen (vgl. Le Bistrot in Mulhouse oder Tonnelle in Riedisheim).

Zudem ist die Atmosphäre unbezahlbar: eine etwas dekadent-schwüle und überbordend plüschige Einrichtung sorgt für einen Zug ins Orientalische. Es würde vermutlich keinen der Gäste wundern, wenn in einer Ecke plötzlich Rauch aus der

Wasserpfeife aufzöge. Auch die Bedienung könnte direkt aus Casablanca stammen; begnadete Kellner - eine professionelle, flinke und sympathische Truppe, wie wir es vom 35 Stunden-Gewerkschafts-Deutschland nicht gewohnt sind. Trotzdem schließt die Küche mittags strikt um halb zwei. Das Publikum schätzt Austern und Langusten und läßt am hellichten Tag locker einen Hunderter pro Nase liegen. Bei uns steckt das Geld wohl eher in der Video-Ausrüstung. 44, bld. du Président Roosevelt, Ecke Rue Koechlin, Tel. 89.42.39.36, kein Ruhetag, warmes Menü bis 13.30 und abends. Im Sommer Grillbetrieb im Innenhof.

■ Ebenfalls in Marktnähe: *La Rascasse*, in der sehr belebten Avenue Aristide Briand 66. Ein sympathisches Fischlokal, das seit 1991 vom Fischhändler in der Markthalle (Schaffholt, s.o) betrieben wird. Die sehr gewöhnliche Lage bestimmt auch die Gäste - einen teuren Trend-Treff wird es hier nie geben (hoffen wir's). Im neuen, franco-ikeafarbenen Restaurant ist alles sehr ordentlich hergerichtet, die Tischchen sorgfältig eingedeckt, ein großer Spiegel vergrößert den kleinen Speiseschlauch auf den ersten Blick, doch Platz ist gerade für gut 30 Gäste (hintenraus wartet noch ein kleine und wenig idyllische Terrasse). Die Küche ist gut, die Bedienung sehr nett und bemüht, die Fische sind frisch, was bei der Quelle nicht erstaunt und die Preise sind sehr in Ordnung (die beiden Mittagsmenus für 45 FF sogar erstaunlich billig). Eine nette Abwechslung, für Fischfreunde ein Vergnügen! Sa-mittag und So geschlossen. Tel. 89.32.09.09. Nebenbei: Die Omnibushaltestelle direkt vor dem verglasten Restaurant sorgt für südeuropäische Lichtwechsel - jeder einfahrende Bus verdunkelt das ganze Lokal.

■ *Hotel-Restaurant Wir***, an der verkehrsumtosten porte de Bale, Nr. 1 (Verlängerung der rue de L'ile Napoleon, unweit vom 'Bistrot'), RT Fr. Mit seinen hohen, gediegenen Räumen wirkt das bürgerliche Haus wie ein Fossil aus den gemütlicheren Zeiten der dreißiger Jahre, das vordere Lokal jedenfalls. Durch eine Glaswand abgetrennt das hintere vornehmere Restaurantabteil. Spezialität Foie Gras, Bouillabaisse. Menu 150

FF. Gutbürgerlich Küche. Dünne pommes. Gänseleber zum mitnehmen. 39 Zimmer (Logis de France). Lage ohne Reize.

Kaffeestuben

Mulhouse hat leider keine Caféhaustradition, auch rund um den hübschen Marktplatz haben wir kein gemütliches **Café** gefunden, wer aber an einem miesen Sonntagmorgen unbedingt eine Tasse Kaffee mit croissant oder französischen Zuckerteilchen braucht: die kleine *Patisserie Chocolatier I.J. Scherrer* mit Sitzgelegenheit (rue de Lorraine, Seitenstraße von Ave. Kennedy). Eine gute Adresse schon deshalb, weil es hier die herrliche Valrhona-Schokolade gibt (siehe auch 'Le Bistro'). Außerdem auch sonntags frische baguettes, Zeitungen.

Um Mulhouse

Von der Grenze bei Chalampé Richtung Mulhouse

■ Nach ca. 13 km - am großen Kreisverkehr des Verkehrsknotens der *Ile Napoleon* nicht zu übersehen: *Carrefour* (vormals: *Euromarché*), eine der gigantisch dimensionierten Konsumflächen im französischem Layout. Rollfeldgroßer Parkplatz, mit Merguezbude, Waschstraße und angeschlossenem Heimwerkermarkt. Vorteil: Der Supermarkt hat auch Samstags bis 20 Uhr geöffnet, werktags bis 21 Uhr! (mit Geldwechsel). Neben dem üblichen Supermarktangebot, das ja zwischen Dänemark und Portugal immer ähnlicher wird, gibt es hier (speziell am Wochenende) ein ausgezeichnetes und nicht überteuertes Angebot an Fisch und Krustentieren. Die Käsetheke ist dagegen nur groß (allerdings wesentlich billiger als in D); der Rest (auch und gerade Obst und Gemüse) läßt alle Wünsche offen.

Nächster lohnender Halt in

Rixheim

Der nüchterne, industriell geprägte Vorort (5 km östlich Mulhouse) ist gewiß kein Ziel für Romantikfreunde, er liegt nah bei den Peugotwerken und wächst mehr und mehr mit den Schlafsiedlungen von Mulhouse zusammen. Aber vergessen Sie die dröge Anfahrt, denn da, wo Rixheim am schönsten ist, am alten nördlichen Dorfrand, steht ein wunderschönes Museum:

- *Musée de Papier Peint*, Museum der Wandtapete - Es gibt wenige Bauten im südlichen Elsaß, die so eindrucksvoll sind wie die *Commanderie* von Rixheim, die zwischen 1735 und 1738 für die *Chevalier Teutoniques*, den Deutschritterorden gebaut wurde. In diesem Gebäude wurde 1797 eine Tapetenfabrik gegründet und 1983 entstand das beeindruckende Tapetenmuseum im rechten Flügel, direkt gegenüber der heutigen Tapetenfabrik Zuber. *Jean Zuber* (1773 - 1852) hieß der besessene Techniker, der die Tapetenfabrik von Rixheim weltberühmt werden ließ. Zuber entwickelte den Endlosdruck auf Papierrollen und zauberte Illusionen an die Wand, die unsere modernen Fototapeten zur lächerlichen Farce degradieren. Im 19. Jh. war die Tapetenherstellung exklusiv in französischer Hand, 30 - 50% wurden ausgeführt, zur Hälfte nach Amerika.

Einer der großen Träume von Zuber waren orientalische Gärten. Damit seine Designer, *Dessinateure* genannt, nicht einfach losphantasierten, ließ er im angrenzenden Park diese seltenen Pflanzen und Bäume setzen und legte sogar noch ein Gewächshaus an! Der Park ist leider nur So-nachmittags (ab Juni 92) für Besucher geöffnet.

R u n d g a n g : Im hellen Erdgeschoß der Maschinenraum: Schritt für Schritt wird die Entwicklung dokumentiert, vom Holzdruckverfahren bis zu den ersten mächtigen Druckmaschinen (12 und 16-Farben).

Im ersten Stock sind die schier unglaublichen Ergebnisse ausgestellt und erklärt: *Velourstapeten*, die zugleich auch die teure Seidenbespannung ersetzten. Die Muster wurden mit einem in Leim getauchten Holzmodel auf das Papier aufgetragen und anschließend mit feinen Wollfasern bestreut - so entstand der Eindruck von strukturiertem Samt. Seit Ende des 18. Jh. wurden die Tapeten mit Leimfarbe gefärbt. Zuber war auch darin ein Meister, er richtete ein spezielles Farblabor ein und widmete sich z.B. allein von 1847 - 60 der Herstellung der Farbe Ultramarin.

Das Relief war das Ergebnis der Suche nach der 3. Dimension: Die Prägung erzielte eine täuschend echte Wirkung, den sog. *Tromp-Loeil*-Effekt.

Im obersten Stock hängen die Wunder: riesige *Panoramen*. 'Last Minute' am Ende des 18. Jh.: Weltreisen auf Tapetenmuster mit panoramischem Rundblick. Reisen Sie mit, z.B. ins 'Eldorado', dafür wurden 1554 Holzmodels und 210 verschiedene Farben verwendet.

Die wertvollen Model werden im Museum sorgfältig aufbewahrt und von der Tapetenfirma Zuber & Cie auch heute noch verwendet - ein Papierstreifen kommt leicht auf ein paar hundert Mark . . .

- *Musée de Papier Peint*, 28, rue Zuber, Tel. 89.64.24.56. Geöffnet von 10 - 12 u. 14 - 18 Uhr, Di, Karfreitag und 1. Mai geschlossen. Vorführungen vom 1. Juli bis 15. September Di, Do Sa 15 Uhr. Eintritt 25 FF, Und zum Sparen gibts das 'Kombibilett' fürs Tapentenmuseum und fürs ebenfalls sehr interessante Stoffmuseum in Mulhouse: 37 FF.

■ Gleich um die Ecke, im Restaurant *A la Commanderie* (rue de l'église) gibts von mittwoch- bis sonntagabend, jeweils ab 19 Uhr den geliebten Flammkuchen in 5 Variationen (normal, mit Gruyère, Kartoffeln, Lauch oder Pilzen, von 32 - 39 FF) - auch zum Mitnehmen. Wer keinen Flammkuchen will, findet auch andere elsässische Gerichte wie Baeckeoffa, Fleischnacka und Surelewerle). Das Restaurant ist ganz neu eingerichtet, hell und fast un peu techno, jedenfalls nicht altfranzösisch, nicht unsympathisch. Tel. 89.44.51.62.

■ *Cous-Cous satt*: an der Umgehungsstraße Rue de Bale Nr. 250 (Richtung Riedisheim) direkt vor der Zugunterführung an der Ecke das *Mon Village*. Muldenweise Cous-Cous dazu Merguez oder Hühnchen, Fleischsspieß, Lamm, Hammel. Alles leider nur warm & reichlich. Die Bouillon war bei unserem Besuch fade, das Gemüse verkocht und das Lamm leicht verkokelt. Harissa hilf!! Tagesmenu 45 FF, Tel. 89.44.60.24. So, Mo, August geschl., bis 22 Uhr.

Riedisheim

Noch ein Vorort von Mulhouse und wieder fast mit der Stadt verwachsen; vom Ortsbild her wirkt Riedisheim so zerfleddert und unorgaisch wie manch andere Schlafsiedlung im Weichbild der Stadt. Ein Glanzpunkt ist aber der Markt am Mittwoch (Wegweisern *Centre Culturel* folgen).

■ **Markt**: In schlichter Umgebung, ohne jede Romantik, dafür mit einem außergewöhnlich gutem Angebot: Maitre Fromager *Bernard Antony* steht hier mit seinem herrlichen Käsewagen (s. unter 'Käse'), dann zur Saison ein ausgezeichnetes Frischpilzangebot aus den Vogesen, die Ferme *Christlesgut* verkauft einen Münster und guten Bergkäs (vgl. dort). Gleich um die Ecke der Metzgermeister mit dem unvergesslich langem Schnurrbart und immer gut gelaunt - seine Hähnchen lassen sich fast nicht so schnell grillen wie sie verkauft werden. Außerdem feine Nudeln und Brot. Was leider fehlt: die urgemütliche Eckbeiz nach dem Markt (Alternative: entweder nach Mulhouse rein, oder nach Chalampé, vgl. jeweils dort). Jeden Mi Vormittag.

Dafür gibts in Riedisheim gleich zwei Adressen (mit je einem Michelin-Stern) zum richtig nobel tafeln:

■ *Auberge de La Tonnelle*. Die Hirtzlins haben ihrer Konkurrenz am Ort zweifellos eines voraus - das modernere Haus. Auch die Inneneinrichtung ist geschmackvoll, ausgesucht schlicht: Eine helle, positive Wintergartenatmosphäre mit großzügig weitgestellten Tische. Der Service wirkt auffallend freundlich, im Detail vielleicht eine Spur zu bemüht professionell, aber das sind flüchtige Eindrücke. Was bleibt, ist die Speisekarte mit einfallsreichen Angeboten und endlich einmal ohne die klebrige Fliegenfängerei wie wir sie von den teuren Imagelokalen entlang der 'route du vin' fürchten. Die Küche ist fein und leicht! Sehr gute, sorgfältig zubereitete Fischgerichte. Kleines Tagesmenü 'Marché' um 130 FF. Große Flaschenweinauswahl (leider wie so oft schmerzhaft teuer), ausgezeichneter Käse von Maitre Antony. Was stört: eigentlich nur die leider durchweg hochpreisigen Weine (nur wenige offen) und die seltsame Spannung der Stuhlfedern, die einem (Normalgewichtigen) ein labil, hippeliges Sitzgefühl vermittelt, das sich nicht mit der ansonsten so entspannten Ambience verträgt. Einerlei, die Preise sind für das Gebotene gerade noch im Rahmen und die Stimmung herzlich bis elegant. Eine gute Adresse, wenn es mal etwas feiner sein darf. Ein Eckhaus am Ende der rue du Maréchal-Joffré (einer Seitenstraße von der pl. de la République), gelegen in einem zuvor großbürgerlichen Quartier, jetzt mit einer Front an der verkehrsreichen Straße nach Mulhouse-Zentrum. Sa-mittags, So geschl., Tel. 89.54.25.77, Tellergerichte ab 110 FF, Menus von 130 (Tagesmenü) bis 400 FF. Inhaber sind Jean-Marie und Martine Hirtzlin.

■ *La Poste*, das zweite Nobelhaus am Ort, hat ebenfalls eine vielgelobte Küche, aber die Atmo klemmt: das plüschig-steife Ambiente wirkt doch überholungsbedürftig, gerade für uns Leute mit der Gnade einer späten Geburt. Die Preise sind dem Etat der besser verdienenden Mulhouser Geschäftsleute angepaßt. Wer ohne Spesenbudget reist, vergißt zumindest die Rechnung nicht so schnell. Menu 165 - 250 FF und darüber. 7, rue du Général de Gaulle, gut ausgeschildert, direkt an der Durchgangsstraße, im alten Ortskern. Der Name der Wirtsfamilie 'Kieny', die schon seit 150 Jahren in der Post wirtet, steht - einem Markennamen gleich - groß auf der Fassade. So- u. Diabend geschl., Mitte Juli - Mitte August, Tel. 89.44.07.71.

Südlich von Mulhouse

- In **Froeningen** (9 km von Mulhouse auf D 8 BIII nach Süden): *Auberge de Froeningen****, 2 route d'Illfurth. Eine Herberge, die eindeutig unter 'Trés jolie' einzuordnen ist. Typ neues Haus mit sauber präsentiertem Fachwerk. Die 7 Zimmer sind atemberaubend liebevoll eingerichtet, ebenso weichgespült das dazugehörende Restaurant. Nichtraucher werden säuberlich von den Rauchern getrennt. Vater & Sohn Renner kochen gut und jeder wird satt, denn die Portionen sind reichlich. Sehr gute Fischgerichte, allerdings in abenteuerlicher Umgebung, die unsere Toleranz arg strapaziert: zwischen Bananenkräpfchen und Speck. Zimmer und Speisen zu vergleichsweise fairen Preisen: Zimmer 260 - 320 FF (Logis de France), Menu 95 - 285 FF. So-abend und Mo geschl., Ferien vom 6. Aug. - 20. 8. Tel. 89.25.48.48.

- In **Steinbrunn-le-Bas** (10 km südl. Mulhouse) glänzt das einzige (bislang) vom Michelin besternte Restaurant im Sundgau: *Moulin du Kaegy*. Sehr, sehr hübsch in einer alten Mühle untergebracht - die Küche *soll* sehr gut sein. Mit aller Wahrscheinlichkeit gibt es noch andere Möglichkeiten, Schwarzgeld zu waschen. So-abend, Mo RT. Tel. 89.81.30.34.

Nach Westen - Richtung Belfort

- In **Diefmatten** (Autobahn Mulhouse-Belfort, Ausfahrt Burnhaupt): Restaurant *Au Cheval Blanc*, 17, rue de Hecken (keine Zimmer). Ein außergewöhnlich geschmackvoll eingerichteter Speisesaal, schlicht-konservativ, dezente Stilmöbel, Holztäfelung. Ovale Sechsertische und ein paar Zweiertische sind großzügig im Raum verteilt, das Gespräch am Nachbartisch ist bei aller Anstrengung nicht mitzuhören. Zum gediegenen Ambiente paßt der unauffällige, aber gewissenhafte Service. Es wird auch draußen auf der rückwärtigen Terrasse serviert, Blick ins Grüne - das absolute Sommerglück!

Bei der Küche wird man bei den deftigen Gerichten am ehesten zufrieden sein; Fisch wird leicht zum Glücksspiel, das letzte Mal geriet er recht trocken und fade, begraben unter einer hochviskosen Sauce. Problematisch auch die Krustentierchen, die sich ungefragt auf jeden Fischteller mogeln. Zudem wirft die dicke Sauce noch schneller Falten als befürchtet. Lob gebührt aber dem wehrschaften *Pot-au-Feu*, das samstags auf den Tisch kommt: zunächst die Suppenterrine mit tadelloser Consommé de Boeuf (allein ihrer wegen lohnt der Besuch), dann jede Menge Rindfleisch und Mark - ausreichend für das ganze Wochenende! Auch Geflügel und Wild sind ein Vergnügen. Chapeau! Bisweilen amüsantes Publikumspanoptikum aus Offizierswitwe, Sundgauer Großbauer, altem Adel und anderen Knöterichen. Noch fern der Tag, an dem hier der erste Jogging auftaucht!

Mo, Di-abend geschl. Einzelgerichte ab 120 FF, Menus 130 - 350 FF und außer sonntags ein täglich wechselndes kleines Menu um 120 FF, das auch abends serviert wird. So-mittag ist hier die ganze Umgebung zu Gast - Vorbestellung unbedingt angeraten. Tel. 89.26.91.08.

■ **Phaffans** (Autobahnausfahrt Belfort Nord, Richtung Denny): *Auberge de Phaffans,* Rue de Presbytière, in der Ortsmitte direkt an der Kirche. Das kleine Restaurant (ohne Garten) ist liebevoll hergerichtet - nicht überdekoriert, eine art japanischer Raumteiler mit Kunstblumenbewuchs verheißen ein wenig intime Atmosphäre. Die jungen Wirtsleute sind sympathisch und streng bemüht, das Speisenangebot ist zum Glück auf relativ wenige Gerichte eingedampft, darunter auch Schnecken und Frösche und eine sehr feine Terrine vom jungen Hasen (laperau aux noisettes) - die Spezialität des Hauses. An der Zubereitung des Fleisches ist nichts auszusetzen - nur an den Beilagen: fades Gemüse und leider flexible Fritten. Nur, wenn Sie gerade in der Nähe sind ..., sonst eben nicht. Mo, Mi und Sa-nachmittag geschlossen. Touristenmenu um 80 FF.

Zwischen Mulhouse und Colmar

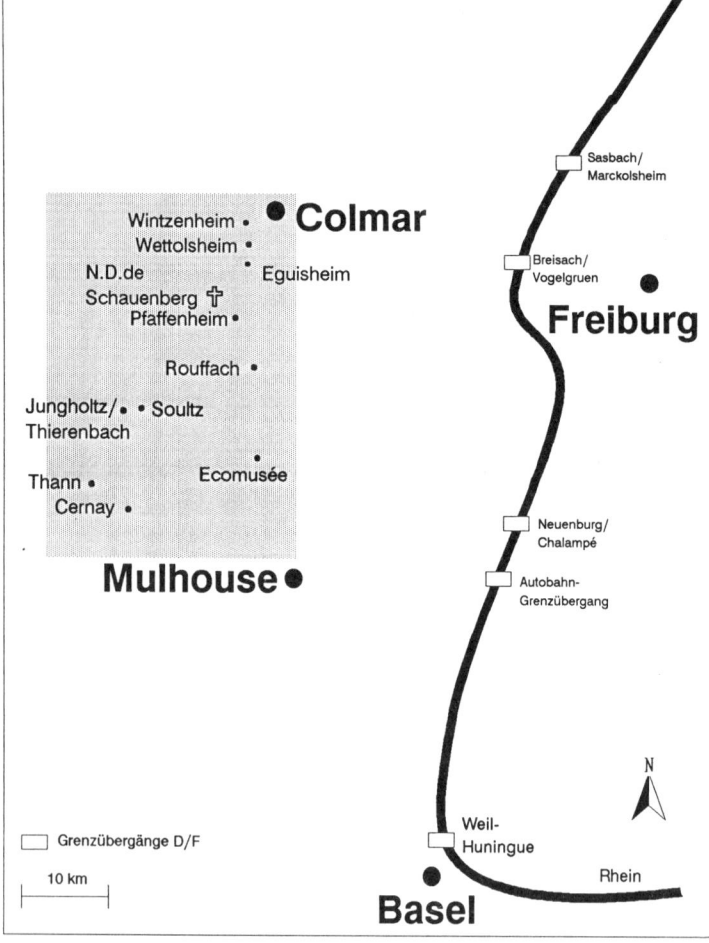

In der g r o ß e n   E b e n e zwischen Mulhouse und Colmar sind - abseits der stets belagerten Weinroute im Westen - keine klassischen Attraktionen. Von Schnellstraßen und der Autobahn durchschnitten, die Dörfer zu Schlafplätzen ohne eigene Dynamik verkommen, das Ackerland zur maschinenbearbeitbaren Großfläche abgerichtet, ist hier das andere, das ganz alltägliche Elsaß zu sehen. Eine monotone, stets ein wenig trist und hoffnungslos wirkende Reserve, die auf Impulse von außen wartet. Eigenständige Ideen sind nirgendwo zu sehen. Was kommt, ist ein kleines Neubaugebiet, ein Supermarkt in der Schuhschachtel und wenn die Industrie pfeift, wird der nächste Maisacker zur "Zone industrielle" - was weder Verlust noch Verheißung sein kann.

Ganz anders das R e b l a n d in der Vorbergzone. Besonders im Bereich um Colmar wird's schon arg pittoresk. Die Romantikdichte erreicht jedoch noch nicht ganz die bedrohlichen Werte der Bilderbuchorte nördlich Colmar. Wer das Schöne sucht und nicht gleich darin ertrinken möchte, ist im Bereich zwischen Thann, Guebwiller und Eguisheim also garnicht mal so schlecht aufgehoben. Zunächst zur Ebene. Zwischen Colmar und Mulhouse bietet das flache Land nur wenige bemerkenswerte Fixpunkte, darunter:

Eco Musée

Gerade dort, wo wir das Elsaß der Bildbände so vergeblich suchen würden, mitten im öden oberelsässischen Kalibecken, nahe Ungersheim (20 km nordwestl. Mulhouse, 15 Autominuten von der Autobahnausfahrt A, gut beschildert), liegt das große Freilichtmuseum des Elsaß (1984 eröffnet). Ein ganzes Museumsdorf auf 20 ha - die Theaterkulisse vom schönen, trauten Elsaß: 60 alte, wiederaufgebaute sundgauer Bauernhäuser, darunter eine Metzgerei, Schmiedewerkstatt, Bäckerei und Schule. Die guten Zeiten werden minutiös nachgestellt, alles gibt sich so authentisch wie möglich: die Eisen in der Schmiedewerkstatt glühen rot, die Hühner gackern, die Schweine grunzen und die Störche segeln, außerdem hält die Schweinemarie Monologe auf der Gänsewiese und der Lehrer schwingt patriotische Reden in der elsässer Schule, abwechselnd auf Deutsch und Französisch. Aber trotz all der aufwendig installierten Staffage zieht es selbst die Elsässer massenweise nach Osten, zum Europapark in Rust, wo die Inszenierung mehr in Richtung Disney geht.

Die drei Restaurants (zwei innerhalb der Eintrittszone, eins außerhalb) gehen mit der Zeit, sie geben sich Mühe, nicht besser zu sein als die Gastroszene im Elsaß der Jetztzeit. Beste Wahl: *La Taverne* (außerhalb) mit täglich wechselnden, typischen elsässischen Gerichten (So Baeckeoffa), es gehört der 'Confrèrie de la Veritable Flammkuche' (die mit dem Holzbackofen arbeiten) - leider gibts den wirklich sehr feinen Flammkuchen nur Sonn- und feiertags nachmittags! Was noch erfreut: die Bäckerei (ebenfalls außerhalb) macht außergewöhnlich gutes Bauernbrot - täglich von 9 - 18 Uhr, außer Montag.

Das Museum lebt: es will Forum und Begegnungsstätte sein. Jeder Sonntag steht unter einem anderen, jahreszeitgemäßen Motto. Den Veranstaltungskalender *(Programme d'Animations)* erhalten Sie bei: Ecomusée d'Alsace, Maisons Paysannes d'Alsace, Boite Postale 71, Ungersheim, 68190 Ensisheim Tel. 89.74.44.74. Öffnungszeiten: Täglich ab 9 - 19 Uhr (Juni - Sept.), 11 - 17 Uhr (März, April, Mai, Okt.).

Ehrgeiziges Ansinnen der Museumsleitung: die Rudolfsmine, das stillgelegte Bergwerk nebenan, soll zum Industriemuseum werden, momentan fehlts jedoch noch an der Finanzierung. Département, Region und Staat haben bis jetzt über 9 Millionen Mark gegeben und finden, dies sei genug. Unser Rat: Campingplatzgebühren für die Wohnmobile auf dem großen Parkplatz erheben!

Im Westen, schon am Fuß der Vogesen und am Beginn der Route de Cretes, auf der im Sommer der Hartmannsweiler-Kopf-Tourismus tobt:

Cernay

(Sennheim), 10.000 Ew., 19 km westl. Mulhouse, Cernay hat relativ wenig Fachwerk vorzuweisen, die Kleinstadt wurde nach dem ersten Weltkrieg neu aufgebaut.

■ *Das Schloß unter den Jugendherbergen:* an der Straße N 83 Richtung Colmar, etwas zurückversetzt in einem Park gelegen: Schöne, geschmackvolle, hohe Räume. Ganzjährig geöffnet, ausgenommen die Weihnachtsferien. Bis zu 50 Personen finden hier Platz, Zimmer mit 3 - 7 Betten. Morgens um 9 ist die Welt noch in Ordnung, dann gehts raus an die frische Luft. Kostenpunkt pro Person: 39 F je Nacht, 17 FF für Bettwäsche. Küchenbenützung 5 FF. Außerdem gibt es auch eine Restauration der Auberge de Jeunesse: 46 FF für ein komplettes Menu (regionale Spezialitäten wie Sauerkraut, Coq au Riesling etc. auf Bestellung und mit durchschnittlich 12 FF zusätzlich). Für Gruppen bis zu 20 Personen gibt es auch die Möglichkeit, Vollpension (138 FF) oder Halbpension (95 FF) zu buchen. Reservierung empfohlen, für Gruppen unbedingt notwendig: Auberge de Jeunesse internationale, 16a, fbg de Colmar, 68700 Cernay, Tel. 89.75.44.59.

Nach Westen auf der N 66 über Thann, Richtung Epinal:

Weiter im Thurtal. Wer diese etwas vergessene Ecke liebt, ist entweder ein begeisterter Hangglider oder ihm ist hier irgendetwas anderes Schönes widerfahren. Wer zufällig und ohne Passion herkommt, dem gibt das vergilbt, fade Thurtal Rätsel auf: aneinandergereihte Straßendörfer in einer einigermaßen schönen Landschaft - und kein Ort schert aus, sucht Alternativen zur unbeschreiblich gleichgültigen Entwicklung zwischen grauer Hausvertäfelung, Autowaschanlage und Videothek.

Schon auf dem Schulhof scheint jede Fluchtmöglichkeit zubetoniert, folgerichtig wählt die Jugend zwischen Spoiler und Honda 2000.

Der Gerechtigkeit halber: wir waren auf der N 66 (*Route de la Truite*) das letzte Mal am Ostermontagabend unterwegs - stoßstangenzäh tröpfelnder Verkehr Richtung Mulhouse, denn merke: das Thurtal fließt an Feiertagen nur langsam ab. Aber auch für diese Situation gibt es eine gute Adresse, sie gilt auch ohne Stau: für einen Rekonvaleszenten, der Ruhe braucht, für Kindsköpfe mit Unsinn im Hirn, für Schwermütige, die endlich mal ihr Leben in Ordnung bringen möchten und in dieser Lebensphase jede Ablenkung meiden:

■ Eine Käserei mit Zimmer: *Gîte Rural Schoeffel*, 5 km außerhalb von Wesserling, 700 m hoch im oberen Thur-Tal gelegen. Weit weg von allem und jedem, das freuen oder ärgern könnte. Ohne Panoramasicht und auch nicht mit der vollen Sonneneinstrahlung, aber trotzdem recht nett und sehr solide - außerdem sollte jeder über 30 mal von Wesserling aus hochgefahren sein, geflüchtet in diese überirdische, einsame und beeindruckende Landschaft - außerdem gibts dazu eine wunderbare Sicht übers Tal und am Wochenende die interessante Erscheinung gelangweilter französischer Familien mit Kinderwagen (denen geht's auch nicht besser als hierzuland, n'est-ce pas?) und jede Menge neuer Straßenlaternen, die weiträumige Erschließung verheißen - wohl mehr im Wochenendbereich, denn die Gegend liegt wirklich etwas ab vom Schuß. Im Sommer soll hier jedenfalls 'der' Ort für Wanderer und Beerensucher sein (Heidel u. Preisel). Wer sich mit allem hier garnicht anfreunden kann, bekommt in der Gîte Rural Schoeffel am Ende des Weges immerhin ein Stück Käse, im Angebot: Munsterkäs, Bibalakas und sehr milder Bergkäs. Gîte Rural Schoeffel, 84, chemin du Rammersbach, Fellering, 68470 Wesserling, Tel. 89.82.66.33.

Die Touristenmeile

Route des Crêtes

Schönste Kammstraße in den Vogesen - leider nur außerhalb der Saison, also bevor Schnee fällt (zwischen 15. November u. 15. April ist ein Teilstück der Straße gesperrt, denn die Trasse verläuft durchweg auf Höhen zwischen 1000 und 1200 m)! An klaren Tagen weite Sicht bis zu den schneebedeckten Schweizer Alpen. Als touristische Rennstrecke war die Route des Crêtes ursprünglich nicht geplant. Während des Krieges 1914-18 wurde sie für den Verpflegungsnachschub an die Front gebaut, deshalb auch der Verlauf, geschützt gen Osten, meist auf der westlichen Kammseite der Vogesen. 1928 wurde die Straße dann für den Automobilverkehr hergerichtet.

■ R o u t e : Sie führt von (S - N) *Cernay* über den *Hartmannsweilerkopf*: Hier lockt ein seltsam, kühl heroischer Kriegerfriedhof Busladungen zum betroffenen Verharren (mehr als eine halbe Million Besucher jährlich!) - und anschließendem, geselligen Heidelbeerkuchenessen, z.B. im Restaurant Hohneck, gleich unterhalb vom *Grand Ballon* (1424 m), dem höchsten Gipfel der Vogesen, wo nur noch windzerzauste Krüppelbuchen überleben können. Weiter gehts dann auf und ab über die Standardroute aller Busse und Motorradfahrer über den *Col de la Schlucht* (mit 1139 m der höchstgelegenste Paß des Elsaß) und den *Col du Bonhomme* bis nach *Saint-Marie-aux Mines* (westl. der Hochkönigsburg). Links und rechts der Ausflugsstraße natürlich jede Menge Fermes-Auberges mit Munsterkäs u. Speck. Daß die schöneren Fermen etwas weiter abseits liegen müssen, ist schon mit wenig Spürsinn zu ahnen.

Soultz

Eine hübsche mittelalterliche Stadt in der Vorbergzone (2 km südlich Guebwiller). Die Aufgabe ist einfach: Auf dem ausgesprochen schönen Marktplatz (hier auch Touristeninfo) parkieren, durch das kleine Örtchen spazieren und anschließend eine Kleinigkeit einkaufen:

- 💡 Die einzige Metzgerei, die Wurst und Fleisch von biologisch aufgezogenen Tieren (Weidehaltung, pestizidfreies Futter) aus dem Elsaß, Haute-Saône und den Vogesen verkauft: *A. Schellenberger*, Boucherie - Charcuterie - Traiteur. Die Schellenbergers sind Mitglied der UNIA (Union Nationale Interprofessionelle de l'Agrobiologie). Im Angebot: gute selbstgemachte Salami, der beste gekochte Schinken weit und breit und Fleisch vom Feinsten. Aber Vorsicht: nicht das ganze Angebot stammt von Bio-Tieren. 1, rue Mal de Lattre (kleine Seitenstraße der Hauptstraße, unweit Marktplatz), Tel. 89.76.85.06, Mo und Mi 8 - 12.30. Di, Do, Fr 8 - 12.30 und 14.30 bis 19 Uhr. Sa 8 - 12.30, 14 - 17 Uhr. Mo - Fr kleine Mittagsgerichte zum Mitnehmen.

- Baguettes von der feineren Art gibts gleich bei der Bäckerei J.P. Schmidt, direkt am Marktplatz.

Jungholtz-Thierenbach (westlich Soultz)

- Wenn die Finken schlagen, frisch verliebt oder grundlos gut gelaunt - in allen Fällen gibt es kaum eine bessere Adresse im südlichen Elsaß: Nur dann werden Sie ganz gelöst dem fetten Benz aus D-Dorf ausweichen, der wieder einmal die Eingangstreppe zugeparkt hat, Sie werden sich über den unglaublich französisch aufgerüschten Speisesaal amüsieren und werden die auf Spesen tafelnden deutschen Geschäftsleute auch noch lustig finden. Sie werden zielstrebig und sofort nach unten durchmarschieren, auf die schönste Sommer-Frühstücksterrasse der Welt - mit Blick auf den Zwiebelturm von Nôtre-Dame-de-Thierenbach. Das Bilderbuchhotel heißt *Les Violettes****, liegt am Waldrand und am Ende einer eigenen Zufahrtsstraße und hat 24 sehr kitschig, verträumt eingerichtete Zimmer zu ziemlich reellen Preisen (zwischen 520 und 700 FF) und ist einigen Ketten angeschlossen (auch Logis de France). Tel. 89.76.91.29, Fax 89.74.29.12.

Genug des Hohnes, die Küche gehört jedenfalls zu den besten im südlichen Elsaß! Sogar das bis anhin so skandalös dürftige Käseangebot müßte sich verbessert haben. Menus zwischen 170 und 360 FF, leider gibts kein kleines Mittagsmenu. Les Violettes provoziert nun mal die Entscheidung - Barfuß oder Lackschuh, aber nicht Mo-abends und Di.

Rouffach

4900 Ew., 28 km nördlich Mulhouse, 15 km südl. Colmar. Die Öko-Hochburg vom Elsaß.

Die **Ökomesse** in Rouffach (jedes Jahr eine Woche Ende Mai) ist mittlerweile zu einer überregional bekannten und sehr gut besuchten Institution geworden. Von über 300 Ausstellern aus allen Teilen Frankreichs wird alles Biologische und Gesunde zu einigen wichtigen Bereichen des Lebens ausgestellt: Brot, Wein, Käse. 1992 findet die Messe zum 11. Mal statt. Sie können dort alles kaufen und meistens auch gleich probieren. Außerdem bieten einige Restaurants kleine Gerichte an - natürlich alles Bio. Daneben gibts die obligatorischen Vorträge für den bio-dynamischen Menschen, Marionetten- und allerlei anderes Theater. Am Wochenende wird die Messe vollends zum Volksfest, dann tanzt die Wollsocke, wer's mag. Veranstaltungsprogramm bei: Syndicat d'Initiatives de Rouffach, Tel. 89.78.53.15.

■ Mitten in der Altstadt (ausgeschildert): **Bio-Winzer Henri Bannwarth**, 10, rue Rettig, Tel. 89.49.62.54. Der Fundamentalo unter den Ökos, Initiator der Ökomesse in Rouffach (siehe oben). Er hat noch nie anders als biologisch gewirtschaftet und lebt konsequent danach: Damit der Boden nicht so stark verdichtet und malträtiert wird, zieht er wieder mit dem Ross durch seine Reben (immerhin 6 ha). Alle seine Weine sind trocken ausgebaut und nicht (welche Ausnahme!) chaptalisiert. Bannwarth schwört aufs Eichenfaß und ist davon überzeugt, daß alles andere die Menschheit krank macht. Außerdem wird auf Filtration verzichtet - deshalb sieht der Wein etwas trüb aus. Sein Herz gehört dem Gwürtz(traminer), der auch mehr als die Hälfte seiner Reben ausmacht. Und ich muß gestehen, bei dem erstaunlich frischen Wein, verliert sich die Scheu vor dem sonst so schwer-fetten Gewächs wirklich. Allerdings hat auch dieser abgespeckte Gwürtz immer noch reichlich Alkohol (12,5%) und eine bukolisch starke, tiefgelbe Färbung. Dafür blieb ihm allerdings noch erstaunlich viel Säure. Bemerkenswert fruchtig sind Bannwarths Silvaner, Riesling hat er keinen. Vermarktet werden alle Weine selbst und direkt - kein Verkauf an Wiederverkäufer. Menschenfreundliche Preise.

- *Hexa Kessel*, Place de la République. Mitten im Zentrum (gleich neben der Touristen-Info), nach Meinung der Rouffacher "an einem der schönsten Marktplätze des Elsaß" (mit altem Rathaus, Hexenturm und Kornhalle aus dem 15./16. Jh.). Eine nette, helle Wirtschaft mit großen Fenstern auf den Kirchplatz. Die Küche bemüht sich - vor allem um gute Grundprodukte. Rouffachscher Öko-Einfluß ist spürbar: Gemüse aus biologischem Anbau, manchmal auch Fleisch vom Biometzger aus Soultz, nicht zuletzt Bio-Weine! Außerordentlich sympathische Preise. Tel. 89.78.53.52 (im Sommer kein Ruhetag)

- *A la Ville de Lyon* am nördlichen Ortsende, 1, rue Poincaré (Mo Ruhetag und Ferien von Mitte Febr. - Mitte März. Tel. 89.49.62.49). Die ehemalige Raststätte für Reisebusse, günstige und erst noch ordentliche Mittagsmenüs (45 FF) unten in der riesigen (Keller-)Brasserie, in der im Winter wenig geheizt wird. Flammkuchen gibts täglich - leider ziemlich latschig. Im Restaurant wirds teurer (Menus von 120 - 400 FF). Der Einfluß der Ökos: für größere Gesellschaften wird auf Bestellung auch das Bio-Fleisch von Schellenberger eingekauft.

■ Nordwestlich hoch über der Stadt und über der Rheinebene gelegen - die Nobeladresse: *Hotel/Restaurant Château d'Issembourg* (ein 1880 errichteter Privatbesitz) und das dazugehörige Rest. *Les Tommeries*. Erhaben sind auch die Preise. Gegen ein Tässchen Kaffee (und ein Konjäcksken) auf der schönen Sonnenterrasse läßt sich allerdings nichts einwenden!

Pfaffenheim

10 km südl. Colmar, RN 83, von Süden kommend einer der ersten, richtig hübschen Winzerorte. Dennoch keine Pflichtstation, Gueberschwihr und Eguisheim weiter nördlich ziehen viel vom ganz großen Rummel auf sich. Es bleibt: Gepflegte Idylle.

■ Mitten im Ort ein stilvolles, biologisches Weingut mit einem selten schönen Weinkeller: *Pierre Frick*. Für Freunde milder, eher säurearmer Weine eine der besten Adressen im ganzen Elsaß! Pierre Frick gehört zu den wenigen Winzer, die wirklich nicht verbessern (chaptalisieren) und auf ihrer Weinliste sogar Alkohlgehalt, Säure und Restzucker angeben (eine Transparenz, die im Elsaß recht selten vorkommt). Alle Weine werden im Holzfaß ausgebaut. Fricks alte Kundschaft beschwert sich zwar dann und wann darüber, daß die Weinpreise seit der Grand-Cru-Regelung deutlich angezogen haben (Grand Crus Steinert ab 50 FF), doch es gibt auch günstigere Angebote aus Normallagen, z.B. Gutedel (25 FF). 5, rue de Baer, Tel. 89.49.62.99.

Von Pfaffenheim auf den Schauenberg

Durchatmen

Wenn im Spätherbst die Nebel im Rheintal dichter werden und selbst am Mittag nicht mehr weichen, wenn Colmar langsam zueist und die Touristen Handschuhe überstreifen, oder gleich zu Hause bleiben, dann ist der Zeitpunkt gekommen für einen Ausflug zu den höhergelegenen Orten an der Westflanke des Rheintales. Am besten bei Inversionswetter, jener herrlichen Hochdrucklage, die im Spätherbst oder Winter oft wochenlang anhält. Kennzeichen: Unten Nebel und kalt, oben Sonne, Wärme und Fernsicht. Ganz eng beieinander lassen sich so zwei völlig unterschiedliche Welten erleben: Den drögen Winter im Tal trennen oft nur ein paar Höhenmeter von der entrückten Stimmung über den Wolken.

Der Ausflug auf den S c h a u e n b e r g ist außerdem noch im März/April besonders lohnend, wenn die zitronengelben wilden Tulpen zwischen den noch kahlen Reben blühen. Außerdem ist die klösterliche Anlage zu dieser Zeit noch nicht auf den Sommertourismus eingestellt, die kleine Wirtschaft ist nur zwischen 1. Mai und Ende Oktober an Sonn- und Feiertagen geöffnet. Außerhalb diesen Zeiten herrscht Ruhe.

■ R o u t e : Von Pfaffenheim (Anfahrt über die N 83, zwischen Rouffach und Gueberschwihr) führt ein aussichtsreiches Teersträßchen durch die Rebberge hinauf zum steil über der Ebene thronenden Wallfahrtsort *Nôtre Dame-de-Schauenberg* (330 m, zu Fuß von Pfaffenheim aus eine starke halbe Stunde). Kurz hinter den letzten Häusern von Pfaffenheim führt auch ein Stationsweg (sentier des oratoires) mit alten Barockkreuzen geradeaus den Berg hinauf zum Wallfahrtsort, leider aussichtslos durch den Wald.

Oben wartet die Belohnung: von der Terrasse vor der Kirche ein wirklich überirdischer Blick auf den Schwarzwald gegenüber und die Alpen im Süden. Fünf Münster soll man vom Schauenberg aus sehen können: Straßburg, Freiburg, Breisach,

Colmar und Basel - nur bei außergewöhnlich klarem Wetter natürlich!

Vom nördlichen Tor von Schauenberg aus führen gut ausgeschilderte, bequeme Wanderwege durch lichten Buchen- und Eichenwald. Der Weg nach Süden (rote Raute, weißes Viereck) führt auf gleichbleibender Höhe komfortabel am Hang entlang. Nach einer knappen halben Stunde kommt eine Bank, die jeden zum Philosophen werden läßt. Es ist die Bank von *Renaud*. Er muß ein sehr kluger Mensch gewesen sein, mehr war leider nicht zu erfahren, auch die Schwestern vom Kloster konnten nicht weiterhelfen (wir würden uns über Informationen zum Freund Renaud sehr freuen - vielleicht wissen Sie weiter). Allein das monotone Verkehrsgebrumm erinnert hier noch an die Banalitäten drunten im Tale. Der Anarchist erwacht in einem - alles zuschütten . . .

In der anderen Richtung (nach Osenbühr, Wegmarkierung rotes Kreuz) kommt der philosophische Anflug etwas später: nach ca. 1,5 h stoischer Waldpfade zum in-sich-Gehen treten wir hinaus auf ein fast ebenes Wiesenplateau (zwischen 500 und 600 m) am Südhang des Gueberschwihrer Kopfs (700 m). Hier liegt - wieder einmal hatten die Mönche ein feines Auge für den besonderen Ort - der ehemalige Klosterhof Osenbühr (570 m), heute ein Forsthaus mit einer einfachen Ferme Auberge, die auch an Winterwochenenden geöffnet hat.

Ein alternativer Rückweg ist möglich: zuerst ein kurzes Stück über die Fahrstraße nach rechts, dann zweigt an dem Heiligenhäuschen ein Fußweg wieder nach rechts ab, der in wenigen Minuten zum Kloster St.-Marc (eines der ersten Benediktinerklöster im Elsaß) führt. Von hier gehts ein Stückchen auf dem Fahrweg Richtung Gueberschwihr, an der Auberge St. Marc vorbei (warmes Essen den ganzen Tag, Suppe, Zwiebelkuchen, Quiche). Hier zweigt wieder ein ausgeschilderter Wanderweg zum Schauenberg rechts ab (rotes Kreuz). Wanderzeit Schauenberg - Osenbühr - Schauenberg ca. 3,5 Stunden)

- Passende Wanderkarte: 1 : 50.000 des Vogesenclubs, Blatt Munster/Gérardmer

Eguisheim

1440 Ew., 6,5 km südwestl. Colmar. Blumiges, weinseliges Elsaß, wie aus dem Bilderbuch. Zur Saison ein perfektes Freiluftmuseum, Idylle am laufenden Meter.

Cité fleurie***, die 'Wiege des elsässischen Weinbaus' blüht aus allen Nähten. In der Nähe die bekannten Burgruinen Drei Egsen, Hohlandsburg und Pflixburg. Ringförmig um die Wasserburg der Grafen von Egisheim angelegt, mit guterhaltenen Festungsmauern (man nennt sie *Remparts*). Perfekt gepflegte Romantikzone im alten Ortszentrum, die Route für die Videoträger ist mit 'circuit historic' ausgeschildert. Sind die Akkus noch geladen?

- Mitten im Ort: *Le Caveau d'Eguisheim*, 3, place du Chateau. Nicht zu verpassen, ein stattliches Haus am Schloßplatz. Ein degradierter früherer Michelin-Ein-Sterner. Gepflegte Elsaß-Romantik, deftige regionale Gerichte. Tel. 89.41.08.89. Diabend, Mi geschl.

- Schlafen und Essen mitten in der Idylle - mit Fachwerkfassade: *L'Auberge Alsacienne*, 12, Grand Rue, Tel. 89.41.50.20. 20 Zimmer 220 - 260 FF. Nachlässiger Service.

- Ein kleineres, solides Weingut (7 ha), über das Sie nicht gleich am Ortseingang stolpern wie über den Platzhirsch Leo Beyer: *Bruno Sorg*, 8, pl. de l'Eglise (links der Hauptstraße), Tel. 89.41.80.85. Riesling (darunter auch 2 Sorten Grand Cru), Gewurztraminer, Muscat d'Alsace, alle Pinot Sorten (blanc, gris, noir), Edelzwicker und ein außergewöhnlich feiner frischer Crémant (Méthode Champenoise). Überdurchschnittliche Qualität, nicht überteuert.

- **Wandern**: Die obligatorische und aussichtsreiche Wanderung führt durch die Rebhügel über die Ruine Hageneck zu den *Drei Egsen* (die 3 Burgruinen, 'Egse' laut Volksmund Egisheim) und über Husseren durch die Rebhügel wieder hinunter nach Eguisheim (10 km, knappe 3 Stunden, 400 m Höhenunterschied, Karte Club Vosgien Colmar, Munster 1 : 50.000)

Wettolsheim und Wintzenheim

Beide Dörfer sind fast schon mit Colmar zusammengewachsen, es fehlt die Winzerromantik, dafür gibts gleich drei ausgezeichnete **Weingüter**:

- In **Wettolsheim** (an der Umgehung N 83, 8 km südwestl. Colmar) das biologische Weingut *André Stentz*. Erwarten Sie keine Holzfaßidylle, alle Weine werden im Stahltank ausgebaut. Resultat: Feiner, sortentypischer Riesling, ein etwas breiter Sylvaner - und eine Seltenheit: biologischer Crémant, leider sehr alkoholreich. Nicht überteuert. 2, rue de la Batteuse (bei der Nobeladresse Auberge du Père Floranc um die Ecke). Tel. 89.80.64.91, Fax 89.79.59.75

Wintzenheim (6 km westl. Colmar), auf den ersten Blick ein eher langweiliges, langgestrecktes Straßendörfchen auf dem Weg ins Münstertal - für Weinfreunde jedoch absolut wichtig - zwei ausgezeichnete Weingüter, beide Vertreter der schlankeren Linie:

- *Zind-Humbrecht* (34, rue du Maréchal-Joffre, von Colmar kommend die schmale Seitenstraße gegenüber der Kirche links): Mit fast 40 ha (darunter große Flächen mit Grand Cru Lagen) das größte unter den kleinen Weingütern. Seit einigen Jahren schon gilt Zind-Humbrecht als Nummer 1 unter den privaten Weingütern, in der gehobenen Gastronomie und beim Cashmerejournalismus breit vertreten und konstant bejubelt. Wir machens kurz: Die Grand Cru-Rieslinge gehören zweifellos zu den besten im Elsaß, der Ertrag bleibt im Regelfall bei 40 Hektoliter pro ha, trotzdem nicht überteuert. Die jeweils letzten Jahrgänge sind oft schon im August ausverkauft. Ein Trost für uns Alltagstrinker: auch der einfache Silvaner (um 30 FF) ist zu empfehlen! Tel. 89.27.02.05, Fax 89.27.22.58.

- Im selben Ort noch eine gute Winzer-Adresse: *Josmeyer* (direkt an der Hauptstraße, 76 rue Clémenceau). Jean Meyer bewirtschaftet selbst 14 ha und kauft noch die Trauben von 50 Winzern (18 ha) zu. Empfehlenswert auch sein Gewürztraminer, zwar sehr gehaltvoll, doch nicht der übliche Paukenschlag. Moderate Preise. , Tel. 89.27.01.57, Fax 89.27.03.98.

- Außerhalb Wintzenheim, mitten im LKW-Stauland um Colmar eine wichtige Adresse für **Schokoladenfreunde** - und das sind ja einige, nach einer aktuellen Umfrage essen die Deutschen pro Jahr 6,8 kg, Schweizer übertreiben mit ihren 10 kg ein bißchen: das rosa Fabrikgebäude des Chocolatier *Grimmer* mit einem großen, modernen Ladengeschäft. Grimmer läßt nur ausgewählte Kakao-Sorten in seine Schokolade und die zartschmelzende Auswahl *fait main* ist groß: Gewürztraminer-Trüffel, Pralinés, Osterhasen bzw. Nikoläuse oder schlichte Schoko-Tafeln. Außerdem im Angebot: die einzigartige *Valrhona*-Schokolade (unter Kennern eine der weltbesten). Extra: Heiße Schokolade wird hinten in der kleinen Bar ausgeschenkt. *Chocolatier Grimmer*, 61, route de Colmar (direkt an der Kreuzung der Colmar-Umfahrung N 83 mit der Verbindungsstraße Colmar-Wintzenheim D 417, gegenüber der auffällig roten *Pizzeria le Capri* Tel. 89.80.60.40. Tägl. außer So durchgehend von 10 bis 19 Uhr.

Colmar

85.000 Ew., nach Straßburg und Mulhouse die drittgrößte Stadt im Elsaß. Im Kern: Fachwerkromantik und Gassenchic. In nächster Umgebung: dichter Weindorftourismus.

Ein guter Anfang: An einem warmen Frühsommertag vor dem überall erwähnten *Caveau St-Pierre* im kuscheligen Altstadtviertel *Petite Venise* sitzen, dazu ein Glas Wein solo (besonders fein ist die Küche wirklich nicht) und den Schwänen auf der Lauch nachschauen - das hat was mit Zufriedenheit zu tun. Als kleine Abwechslung läuft vielleicht noch ein Brautpaar mitsamt Fotograf ins Bild, oder ein versprengtes Touristenpaar durchkämmt die Gassen auf der Suche nach der letzten 'Feinschmecker-Adresse'. Dann lehnen wir uns zurück und lassen das Theater laufen - das hat etwas mit Gelassenheit zu tun: Caveau St-Pierre, 24, rue de la Herse - manchmal (nicht immer) der schönste und friedlichste Ort von ganz Colmar.

Ein mühsamer Anfang: Zur Saison, womöglich in den Sommerferien nach Colmar, wenn die beeindruckend großen Busparkplätze randvoll gefüllt sind, wenn sich das kleine Touristenbähnchen durch die Gassen bimmelt und die ratlosen Touristen vor dem berühmten Unterlindenmuseum in Stellung gehen. Dann kann ein ansonsten harmloser Stadtbummel in der hübschen Altstadt zur qualvollen Prozession werden.

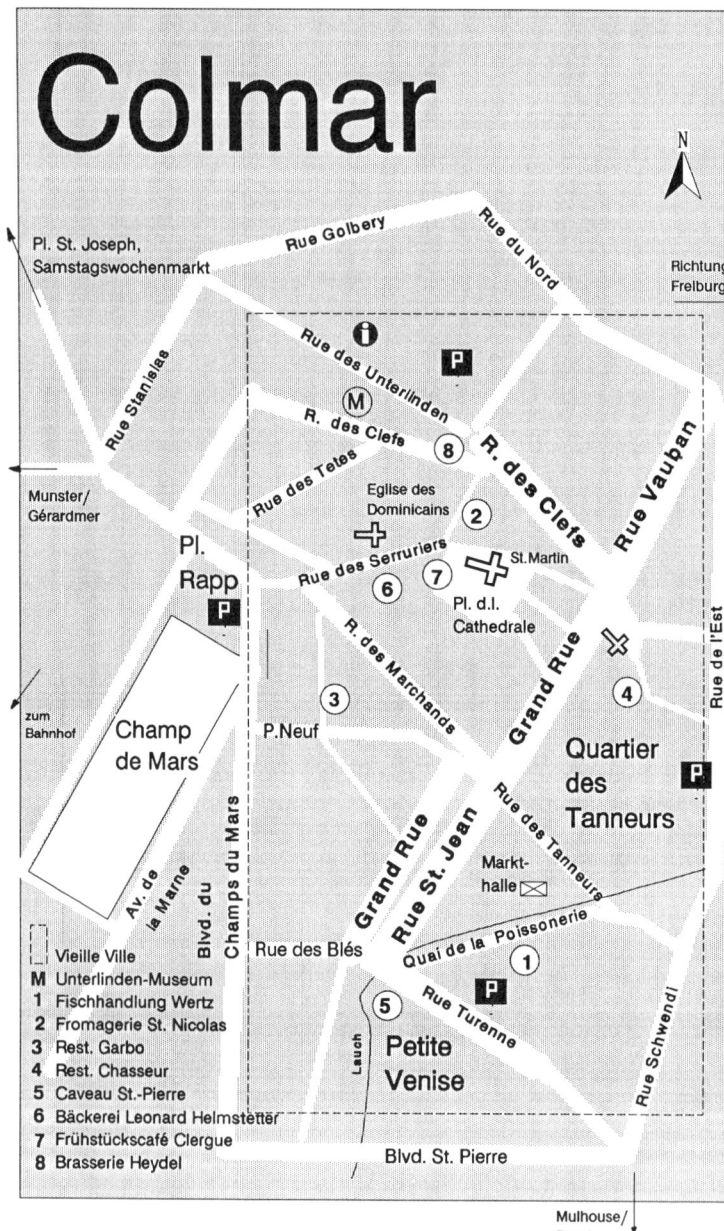

Erste Schritte

■ **Parken**: Colmar ist auf Touristen- und Omnibusandrang eingestellt, deshalb gibts mit dem Parken relativ wenig Probleme:

Am einfachsten und unverfehlbar: den Schildern *'Place Rapp'* folgen und auf dem großen Platz parken. Die Altstadt, das Ziel aller, liegt von hier aus nur ein paar Schritte in nordöstlicher Richtung, Unterlindenmuseum und die anderen Highlights sind gut ausgeschildert. Ganz nahe beim Unterlinden auch ein Parkhaus.

Schnell in Klein-Venedig: Sie folgen den Schildern *'Vieille Ville'* oder *'Petite Venice'*, parken auf der breiten Rue Turenne im Süden oder auf dem großen Parkplatz an der Rue de l'Est (Montagne Vert).

■ **i** direkt neben dem Unterlinden-Museum (M), tägl. geöffnet, Mittagspause zwischen 12 und 14 Uhr.

Die Verlängerung der *Rue des Unterlinden* führt in die Fußgängerzone, auf die breite, moderne *Rue des Clefs*, die auf der *Grand Rue*, der **Hauptachse** Colmars, endet. Nordöstlich der Grand Rue liegt das modernere, geschäftige Viertel mit den großen Kaufhäusern und Imbißständen, südlich davon wirds enger, dort beginnen die sehr verträumten Altstadtviertel, *Quartier des Tanneurs* und *Petite Venice*. Colmars Zentrum ist kompakt, alles liegt in Gehweite.

Die Altstadtviertel

In den 60er und 70er Jahren wurde umfassend renoviert. Colmar bietet Freunden historischer Stadtsubstanz das meiste Anschauungsmaterial im südlichen Elsaß.

- *Quartier des Tanneurs*, das Gerberviertel, zwischen dem alten Rathaus und der Lauch, östlich der Place de l'Ancienne Douane - wurde früher mit Recht gemieden, denn die Gerberlohe stank zum Himmel! Heute, bis in den letzten Winkel hinein sehr aufwendig renoviert, oft blieb von den Häusern nur das Fachwerk stehen. Komplizierte Veränderungen waren nötig, um ein den heutigen Bedürfnissen entsprechendes Wohnen zu ermöglichen. So wurden beispielsweise häufig zwei Häusern vereint, damit in den ursprünglich extrem schmalen Einzelbauten kein unnötiger Raum durch Treppenaufgänge verloren geht. Der mittelalterliche Charakter des Quartiers blieb jedenfalls weitgehend erhalten, bis zu den historischen Biberschwanzpfannen auf den Dächern. Heute stehen im Gerberviertel die romantischen Gasthäuser und Geschäfte.

- *Petite Venise*, Klein-Venedig, das alte Fischerviertel am Ufer der Lauch, kommt in der Beliebtheitsskala der Besucher gleich hinter dem Unterlinden-Museum. Wir schalten nun um, zum deutschen Reisefeuilleton: "Die bescheidenen Fischerhäuschen, renoviert und bunt bemalt, drängen sich schutzsuchend aneinander. Am schönsten ist der Blick von der alten Brücke St. Pierre. Weiden hängen ihre Zweige weit über den dunklen Fluß und über alte Kähne, die tief im Wasser liegen." (Ilse Tubbesing). Wo einem soviel Gutes widerfährt - ist das einen ganzen Kodak wert.

Einkaufen

bringt in Colmar selbst in den wooligsten Zeiten viel Spaß, es gibt einige richtig gute Läden:

■ Käse: *La Fromagerie Saint Nicolas Jacky Quesnot*, mitten im historischen Zentrum (Fußgängerzone) 18, rue Saint-Nicolas, Tel. 89.24.90.45. Eine gepflegte Auswahl an Rohmilchkäsen aus ganz Frankreich - und alle gerade im richtigen Reifezustand! Bei Jacky gibt es keine überlagerten Käse, keiner, der scharf und ranzig schmeckt oder im heißen Sommer einfach auf- und davonläuft. Hier können Sie auch erfahren, wie ein richtig gelagerter Beaufort nach zwei Jahren schmecken kann! Auch biologischer Käse, Joghurt und offene Butter.

Faire Preise, vielleicht der Beginn einer wunderschönen Freundschaft ...

- Jacky ist mit seinem gutsortierten Käsewagen auch auf den Märkten in der Umgebung gut vertreten: Di in Guebwiller; Do in der Markthalle in Colmar; Freitag in Guebwiller; Sa auf dem Josephsplatz in Colmar. Außerdem hat er noch einen weiteren Laden in Buhl (bei Guebwiller).

■ **Brot:** Ebenfalls mitten im Zentrum in der Fußgängerzone eine solide, traditionelle Boulangerie mit gemütlicher Teestube: *Leonard Helmstetter*, 11 - 13 Rue des Serruriers, Tel. 89.41.27.78.

- Außerhalb der Altstadt, am Josephsplatz: *Maurice Koos*, 5, pl. Saint Joseph (auf der linken Seite der Kirche), s.u. 'Wochenmarkt'.

■ **Fisch:** Die beiden Colmarer Fischhändler sitzen natürlich an den alten Fischerstaden, dem *Quai de la Poissonerie*, nahe bei der Markthalle:

■ Auch einen weiteren Umweg wert: das Fischgeschäft *Wertz*, 20, Quai de la Poissonnerie. Schon auf den ersten Blick aufregend schlicht, ganz ohne Schaufenster und von außen kaum als Laden zu erkennen - die (Stamm)kunden wissen Bescheid. Durch den schmalen Gang und an der Zahlstube vorbei vorbei kommen Sie in eine andere Welt - in der kleinen Verkaufs- und Lagerhalle herrscht Fischmarktatmosphäre, einzig das Meer fehlt. Dennoch erwartet einen ein tagesfrisches Angebot an Fluß- und Seefischen, dazu preiswerte Austern verschiedener Kaliber, Krabben und Crevetten erster Qualität, verschiedene Muschelsorten. Alles anregend und ohne Schnickschnack präsentiert. Kurz, ein umfassendes Angebot.

Achten Sie auf das Prädikat: "*Selon arrivage pêche de petits bateaux*", nur von den Fängen der kleinen Boote, die noch täglich ausfahren und löschen. Als 'frisch' darf nämlich auch der Fisch angeboten werden, der von den großen Eurotrawlern

stammt und mitunter schon eine Woche bis 10 Tage lang auf Eis lag.

Noch ganz fischfidel sind die Karpfen, Forellen und Schleien, die bei Wertz in den großen luftdurchsprudelnden Holzbottichen schwimmen. Für Suppenfreunde: Hier ist (je nach Verkauf, nicht immer) die seltene Gelegenheit, unterschiedlichste Fischreste - mitsamt der Knorpelbirne des Rascasse - für eine Bouillabaisse zu ergattern. Für eine Fischsuppe, die nach Atlantik riecht! Daß hier Spezialisten einkaufen, wird einem klar, wenn man die Hausfrauen beobachtet, die den Fisch nach der Größe ihrer mitgebrachten Fischpfanne auswählen - das wird dann vor Festtagen nicht selten ein kapitaler Fang für 400 Frs! Für die Frische und Güte des Angebots ausgesprochen solide Preise!

Kurz und gut: Wer bei Wertz auch nur einmal eintritt, bemerkt, was Einkaufen sein könnte und wieviel Kultur durch die Supermärkte vernichtet wurde. Sogar das Bezahlen (am antiquierten Kassenhäuschen) macht hier noch Spaß. Man beachte ebendort das Safranangebot! 20, Quai de Poissonnerie, Tel: 89.41.21.95. Di bis Fr 7.45 - 12 Uhr und 14.15 bis 18.30 Uhr. Sa 8 - 12 und 14 - 17 Uhr. Sonntag und Montag gibts keine Fische. Am Heiligabend und 31. 12. ist bis 16 Uhr geöffnet!

■ *Morel*, 13, Quai de la Poissonnerie: Neben der Institution Wertz wirkt der saubere, helle Laden des Bretonen fast ein wenig wie ein moderner Supermarkt. Dennoch: ebenfalls ein sehr gutes, umfassendes Angebot an Seefischen, Muscheln und Krustentieren. Sa bis 17 Uhr, Mo geschl.

Der Wochenmarkt

Samstags ist Wochenmarkt auf dem *Josephsplatz*, rund um die Kirche (nordwestl. Bahnhof, Richtung Ingersheim). Ein außergewöhnlich großes und gutes Angebot an Obst, Gemüse, Brot, Nudeln, Pilze, Frisch-Geflügel, Wild, frischen Forellen, Käse. Sogar Liebhaber der portugiesischen Küche und natürlich alle Exil-Portugiesen werden mit dem unsäglichen Stock-

fisch ruhiggestellt (man beachte das original lusitanische Stockfisch-Fallbeil).
Die verschiedenen Stände:

- *Jacky* (s.o.) und einzelne Anbieter von ausgezeichnetem Munster.

- Auf der gleichen Seite wie Jacky der kleine Brotstand von *Joseph Ley*, sehr feines dunkleres Brot aus biolog. Mehl. Mittwochs und Freitags auch Brot- und Speckverkauf am eigenen Bauernhof: 24 Grand-Rue, Wickerschwihr, nordöstl. Colmar. Tel. 89.47.40.67.

- Die gute Bäckerei direkt am Josephsplatz: Maurice Koos, 5 pl. Saint Joseph (auf der linken Seite der Kirche)

■ Der Treffpunkt nach dem Markt: das gemütliche, einfache *Cafe/Restaurant Peter* (Rue du Logelbach, am Ende des Marktes auf der rechten Seite der Kirche) - für Einzeltrinker und gesellige Weltverbesserer.

Am **Donnerstag** findet sich ungefähr die gleiche Truppe in der Altstadt zusammen, auf der *Pl. de l'Ancienne Douane* (Gerberviertel) und in der Markthalle am Quai de Poissonnerie, gegenüber den beiden außergewöhnlich gut sortierten Fischgeschäften (s.o.):

Wochenmarkt: jeden Samstag auf dem Josephsplatz (außerhalb der Altstadt), jeden Donnerstag auf der Pl. de l'Ancienne Douane und jeden 1. und 3. Freitag im Monat auf der Pl. du Marché aux Fruits (beide im Gerberviertel).

Flohmarkt: am 1. und 3. Freitag an der Pl. de l'Ancienne Douane.

Restaurants, Cafés und Weinstuben

Die Auswahl an guten Restaurants ist groß; die Chance, ansatzlos und umfassend auf die Zunge zu fallen, allerdings auch. Wer sich am Uralttip orientiert und vertrauensvoll dem Lemmingszug der örtlichen Angestellten zum Mittagstisch folgt, kann auch mal eine herbe Enttäuschung erleben.

■ Das Frühstückscafé: *Clergue*, 21, Place de la Cathédrale, von 7.30 Uhr bis 19 Uhr, Mo geschl. Der ideale Ort um entspannt Kaffee zu trinken, zum Croissant bröseln und Zeitung lesen. Garantiert ohne Marmor, ebenso fehlt die Spiegelwand und jedes andere, nervöse neuzeitliche Inventar. Schon die Holzdielen beruhigen, im ersten Stock wird stark geraucht, im Erdgeschoß sorgt ein Rauchverbot für angenehmeres Klima. Im Sommer ist dies alles aber kein Thema mehr, dann werden Tische ins Freie gerückt.

Im Auge des Hurrikanes - Nähe Unterlindenmuseum

■ Die klassische *Brasserie Heydel*, sehr aufmerksamer, professioneller Service, gleichmäßig gute Küche: Tagesmenu 75 FF, frische Fischgerichte à la carte, z.B. Lotte und Kabeljau mit Reis 75 FF. Angenehm heller großer Speisesaal, bei Sonne auch ein paar Tischchen vor dem Seiteneingang im Freien. Eine unkomplizierte, gute Lösung. 45, rue des Clefs, Tel. 89.41.41.20.

■ Wer es gerade noch bis zum Museum reicht: Direkt nebenan die kleine Wiistub *Unterlinden* (Di, So-abend geschl.) Zwei, drei Tische im Freien, einfaches Tagesmenü, kleinere Gerichte, Zwiebelkuchen. Ordentlich, auf jeden Fall besser als nebenan, wo die Mehrzahl der Besucher ausharrt.

Die bewährten Legenden

- *Maison des Têtes*. Wer hier essen geht, bekommt gleich noch eine Extraportion Kultur und Geschichte: Das 'Haus der Köpfe', ein traditionsreicher Renaissancebau (1609) trägt seinen Namen wegen der gut 100 Köpfe, die Fenster und Erker schmücken. Und nun zum Wichtigsten: es gibt hier gute Fischgerichte (spez: Seezunge), allerdings in sehr konventioneller Umgebung - bürgerlich bis in die Gräten! Nicht gerade billig, aber sein Geld wert. 19, rue des Têtes (in der Nähe des Münsters). So-abend und Mo Ruhetag, Tel. 89.24.34.43.

- Einer der Großen unter den Kleinen: *Au Chasseur*. Siebeck-geprüft und in fast allen Reiseführern erwähnt, hält der Jäger erfreulicherweise seit Jahren seinen Standard - selbst bei den durchweg erfreulichen Preisen. Chapeau, chapeau! Was auf den Teller kommt, ist gut, manchmal auch (bei Derbem) fast schon ausgezeichnet. Allerdings: *bis* es auf den Teller kommt, da können auch mal kleine Ewigkeiten zwischen den Holzbalken verstreichen. Die Konstellation ist klassisch: Monsieur kocht und Madame serviert - auf eine unnachahmlich kontemplativ, zerstreute Art . . . Keiner von beiden scheint je vom Gift der Eile gekostet zu haben, so wirkt ihre entrückte Art frisch wie am ersten Tag. Zu aller Glück ist der enge, mit folkloristischen Fragmenten bestückte Gastraum sehr klein, mehr als 25 Personen haben an den vier oder fünf Tischen kaum Platz (in den Sommermonaten also unbedingt reservieren!). Es gibt: feine rillette, patés, ausgezeichnete Ochsenschwanzterrine, evtl. Fischsuppe, einen soliden Mittagstisch zu 45 FF, Do Baeckeoffe - alles reichlich. Couscous und Paella auf Bestellung. Die Weinpreise sind ebenfalls erstaunlich solide. Der Gastraum ist frei von Elsaß-Romantik, Licht kommt allerdings nicht viel von draußen rein - an einem Wintertag der ideale Ausflugsort - nehmen Sie sich ein wenig Zeit und anregende Gesellschaft mit. 4, rue du Chasseur (direkt an der place Jeanne d'Arc, unterer Teil), Tel. 89.41.41.94, So, Mo geschl.

■ 'S Parisser Stewwele, eine nette, preiswerte Wiistub. Allzu große Erwartungen dürfen Sie an die Touristenstandards allerdings nicht stellen, der Zwiebelkuchen schmeckt hier genauso schlecht wie überall. Man orientiert sich am besten an den Tafel mit den Tagesgerichten. 4 place Jeanne-d'Arc, Tel. 89.41.42.33, kein Mittagstisch, nur abends, Di geschl.

Wer kein Sauerkraut mehr sehen kann, keinen chasseur und keinen Hansi ...

■ Ohne allen Elsaß-Firlefanz: *Garbo,* 15, rue Berthe Molly, schräg gegenüber vom sehnigen Platzhirsch *Hotel-Rapp* und ganz anders: Klein aber nicht provinziell, sympathisch, gediegen, mit junger, erfahrener Bedienung: Eine Hommage an Greta und eine Freude für alle, die gerne in angenehmer Umgebung ohne Chichi aber gut essen. Bei Garbo wird überdurchschnittlich gekocht und stilvoll bedient (ohne abgespreizte Finger, dafür mit einer Eleganz, die auch Mick Jaggers jüngerer Bruder verbreiten könnte). Feine Fischgerichte, aromatischer Lammbraten - sogar das Gemüse wird rücksichtsvoll behandelt und nicht weichgesimmert! Erstaunlich bei allem das vernünftige Preisniveau, die Rechnung wird nicht einmal durch überteuerte Flaschenweine strapaziert. Sogar einzelne leichte, fruchtige Weißweine sind im Angebot, z.B. der Silvaner vom Weingut Guy Hach. Das Garbo wird ganz zu Recht auch von den jüngeren Colmarern und undogmatischem Mittelstand geschätzt, schon zum Mittagstisch sind meist alle Tische reserviert. Also anrufen: Tel. 89.24.48.55 - erwarten Sie keine Wunder, aber eine kleine, anregende Oase! So und Sa ab nachmittag geschlossen. Mittagmenu 58 FF, sonst zw. 80 - 140 FF, Küche bis 23 Uhr. Einfach anzufahren: Parken auf Place Rapp, und dann 2 Minuten durch die kleine Gasse Porte Neuve.

- Apropos Hotel/Restaurant Rapp: Die neugebaute Dépendence in der Porte Neuve ist auf hungrige Busladungen eingestellt, die Gastronomie im Stammgasthof ebenfalls.

Ausländer

- Wenns edel-italienisch sein soll: *Da Alberto*, 24 Rue des Marchands. Ein kleineres sehr sympathisches Restaurant mit Garten in einem Hinterhof direkt an der Touristenmeile. Die Küche ist sehr gut: u.a. feines Carpaccio, Steinpilz-Risotto. Alles natürlich einen Schlag zu teuer (Menu 350 FF), dafür gilt Alberto als der beste Italiener von tout Alsace und deshalb hat er nun auch einen Michelin-Stern bekommen. Amen. Sa, So geschl.

- Wozu in den Orient gehen, Cous-Cous und original magrhebinische Atmo gibts auch in Colmar. Wer das braucht, geht ins *Carthage*. Die bizarre Lokalität nennt sich etwas überheblich 'Brasserie Orientale', da stehen dann vier Tische in einen kargen Schlauch gezwängt. Die Klein-Küche von Monsieur Bouguyon liegt eine Stiege höher, irgendwo unter dem Dach. Seine Frau rührt und transportiert die Portionen nach unten. Aber eigentlich würden die beiden lieber in der Sonne vor ihrer Kneipe sitzen und mit den Nachbarn die Welt besprechen. Der elsässische Winter ist so herb wie die touristenlose Zeit zwischen November und April, dann wärmt nur der Radiator. Das lockere Cous-Cous-Fundament hält jedem Vergleich stand, die dazu gereichten Beilagen nach Wahl (Gemüse, Geflügel, Merguez, Fleisch) sind allenfalls Durchschnitt, aber - Harissa hilf - irgenwie wirds schon gehen. Als Nachtisch drohen orientalische Zuckermumien unter Plastikfolie. Die Portionen sind hoch wie der Atlas. Ein witziger Ausflug, für die karge Umgebung und die unkonventionelle Art der Bedienung aber eine Spur zu teuer (Cous Cous mit merguez ab 50 Frs). Grand Rue 33, Tel. 89.41.50.33.

- *Chinesisch & Vegetarisch:* Restaurant *Tonkinois*. In einem Eckhaus an einer verkehrsumtosten Kreuzung, mit kleinem Garten. China-Experten werden sofort die Nase rümpfen, der Platz ist natürlich so wenig chinesisch wie seine Gäste - und auch wirklich nichts besonderes, lediglich eine Flucht vor Touristen und Fleischklöpsen. 13, Ave. de la Liberté, jenseits vom

Bahnhof Richtung Münstertal/Epinal, So-abend, Mo geschl., Di bis Fr gibts ein Tagesgericht für 42 FF.

■ Rein Vegetarisch, nicht Chinesisch: *Au Safran,* schon außerhalb des Zentrums, 18, rue Daniel-Blumenthal. Ein Ökoladen in freudloser Umgebung, mit angegliedertem Eßplatz - auf den Teller kommt exakt die Art von internationalem Birkenstock-Gesundheits-Essen, die wir auch von unseren vegetarischen Gedenkstätten kennen - dazu noch Fische. Im Westen leider nichts Neues. Oder kennen Sie ein vegetarisches Restaurant, bei dem Atmosphäre, Gäste und erst noch das Essen stimmt?

Mit und ohne Gräten

■ Eine herbe Enttäuschung: *La Reine des Mers,* Rue du Mouton, sehr zentral gelegen (Seitenstraße der pl. de la Cathedrale, 10, rue du Mouton). Von außen ein kleines, auffallend pastellfarben gestrichenes Fischrestaurant, man erwartet unweigerlich den netten Familienbetrieb, den ja alle suchen. Schon zu mittag gerammelt voll mit Angestellten der benachbarten Läden - alles wie im Bilderbuch, und dazu auch noch sympathische Preise: Tagesmenu 55 FF. Die Inneneinrichtung der schmalen Stube arg rustikal-maritim, das müßte aber die Küche nicht stören. Doch wer jetzt eine nette, liebevoll zubereitete Kleinigkeit auf dem Teller erwartet, wird enttäuscht: alles Supermarkt, dem Rascassefilet stehen die Gräten zu Berge, der Untergang des Meeres ...

■ Für ein gemütlich, gewöhnliches Abendessen ohne nervöses Tischerücken - aber auch ohne gastronomische Höhenflüge: *La Taupe* (Grand Rue 68, Ecke Berthe Molly). Menu 85 - 140 FF. Tel. 89.41.81.30.

■ Die Lage könnte nicht besser sein: vor der Markthalle und zwischen den beiden Fischläden am *Quai de la Poissonnerie* das schlichte und optisch vornehme *Aux Trois Poissons,* Nr. 15, Di-abends und Mi geschl., Tel. 89.41.25.21. Leider hält die Küche nicht ganz, was die Lage verspricht. Gehobene Preise (Menu ab 125 FF), für Augenmenschen.

■ Guter Flammkuchen im Touristen-Keller: *Caveau St. Jean*, rue St. Jean (Parallelstraße zur Grand Rue), ab 18.30, täglich außer Di.

Unterkommen und Essen

■ Am Stadtrand von Colmar, Treffpunkt von Geschäftsleuten und Handelsreisenden: Hotel/Restaurant *Beau Séjour***, rue du Ladhof 25, an einer sehr belebten Straße, mit kleinem Garten nach hinten.

Derzeit wird das gesamte Gebäude renoviert und erweitert, vermutlich ab Sommer 92 gibts dann die neue 'Residence Hotelière' mit 28 Zimmern, sowie 8 neufranzösischen Duplexen avec Kitchenette. Schwimmbad, Sauna und Garten. Nach der Fertigstellung des Autobahnabschnitts östlich von Colmar wird das Haus an einer der verkehrsgünstigen Lagen für Reisende liegen - und entsprechend besucht sein. Schön wärs, wenn ein wenig vom alten Geist liebe: Auf der Karte standen immer sehr interessante Gerichte, z.B. *carpacchio de Thun* Frs. 68, *hors d'oevre italien* Frs. 58. Der Koch war gut und die Bedienung wußte Bescheid. Mehr kann man von einem Restaurant dieser Preisklasse beim besten Willen nicht erwarten. Es gab: Plat du jour 50, Menü von 100 bis 140 FF. 28 Zimmer: 140 - 200 FF, Halbpension pro Person 220 - 320 FF. Rufen Sie vorsichtshalber vorher an und erkundigen Sie sich nach dem neuesten Bau-Stand: Tel. 89.41.37.16. Fax: 89.41.43.07.

Aussichtsterrassen oberhalb Colmar

Im Rebland bei **Voegtlinshofen** (10 Autominuten südwestlich von Colmar, an der route du vin, die von Obermorschwihr nach Husseren-les-Chateaux führt) wartet ein kleines Wunder:

■ 💡 *Belle-Vue*: Ein Hotel/Restaurant in isolierter Weltlage, mitten in den Weinbergen mit freiem Blick auf Colmar und die Rheinebene. Dazu nette Wirtsleute und 9 charmante Zimmer mit Aussicht. Der Einrichtungsstil der Zimmer im 1. Stock geht in die bukolische Richtung - französisch-blumig; im 2. Stock sieht es ganz anders aus: neu ausgebaute, sehr helle Zimmer, holzvertäfelt, alle mit Balkon. Bei zweien führt noch eine Stiege in den (fensterlosen) Dachstock, wo auch eventuell mitreisende Kinder ihre verdiente Ruhe und ein Bett finden können. Alle Doppel-Zimmer mit Dusche und Fernseher (u. Extra-Klappbett) kosten - auch die beiden mit der Kinderkoje im Dachstock: 220 FF. Außerdem gibt es noch eine Liegewiesen mit großem Schwimmbad - alles in besagter Wahnsinnslage. Und weiter gehts: nebenan ein netter Speisesaal mit offenem Kamin - es wird gutbürgerlich im besseren Sinne des Wortes gekocht, vorwiegend elsässisch! Im Juli, August, September hat die Familie Kuentz (sprechen auch deutsch) immer sehr gut belegt. Also möglichst früh reservieren und nach den Panoramazimmern fragen. Wer sich mit altem Blumenflair anfreunden kann: das Zimmer 3 im ersten Stock ist ein Eckzimmer mit Sicht auf die Reben und aufs Rheintal! Ganzjährig geöffnet. Adresse: Hotel Belle-Vue (kein Logis de France-Mitglied), route du vin, 68420 Voegtlinshofen, Tel. 89.49.30.35.

■ Ein Dorf weiter, in **Husseren**, das betagte Weingut/Gasthaus *Caveau de la Dime,* älteres, charmantes Gemäuer ohne Romantikzuschlag, aber in Weltlage. Husseren ist schließlich der höchste Punkt der elsässischen Weinstraße, den Fahrradfahrer nur schwitzend erklimmen! Bei Sonnenschein im schönen gekiesten Hof sitzen! Zum Glück strebt die Küche nicht nach Feinschmecker-Ehren, nur einfache Gerichte (Zwiebelkuchen, Fleischnacken, Menu 99 FF). Ordentliche Zimmer mit Dusche 240 FF. Tel. 89.49.38.09. RT So.

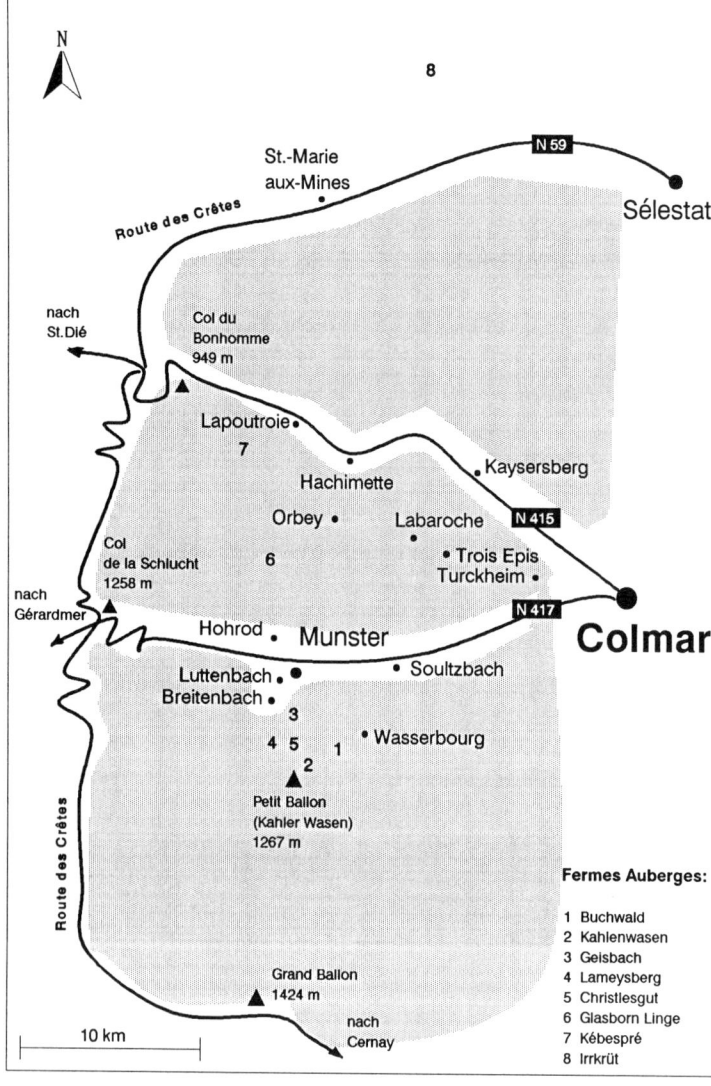

Abstecher westlich Colmar

Les Trois Epis

Von *Turckheim* führt ein Bergsträßchen durch den Tannenwald hinauf zu dem winzigen Luxuskurort (680 m, nur 12 km von Colmar entfernt). Drei Ähren liegt auf einem sonnigen Hochplateau, das nach Südosten hin, zum Tal der Fecht, abfällt. Jedes Haus mit dem Glück der Weltlage und mindestens einer Aussichtsterrasse: Blick auf das vordere Münstertal, die Rheinebene, den Schwarzwald und Jura und da und dort sogar auf die Alpen! Bei soviel Blick gibt es im Sommer mehr als genug Bewunderer. Im Spätherbst und im Frühjahr, wenn die Aussicht am weitesten reicht, ist der Andrang aber mehr als erträglich. (Vorsicht - unter den harmlosen französischen Kurgästen wurden an einem sonnigen Frühlingsmorgen bereits die ersten schwarzen Stadtkrähen gesichtet, gehen Sie also woanders hin, wenn es ganz inkognito sein soll). An charmanten, leicht patinierten Hotels und erhabenen Terrassen fehlt es nicht:

■ H o t e l s : Allen voran das noble *Grand Hotel* (45 Zimmer, 630 - 990 FF), auf dessen Terrasse eigentlich jeder Erdenbürger einmal gefrühstückt haben sollte. Antiquiertes Grand-Hotel-Ambiente. In der dazugehörigen niedlich dekorierten Auberge ordentliche, nicht überteuerte Küche mit schöner Aussicht.

- Etwas unterhalb vom Grand Hotel und Komfortklassen tiefer das Hotel/Restaurant *A la Croix d'Or* (Mi geschl.) Aussichtsterrasse zum Kaffeetrinken oder Jambon en croute essen. 12 Zimmer, Mitte Nov- Mitte Dez., Tel. 89.49.83.55.

- Oben im Ort, schön und ruhig in einem kleinen Park gelegen, eines der charmantesten Hotels des alten Kurortes: *La Chêneraie***, 4, chemin du Galz. 20 Zimmer (Logis de France), Menu 85 FF, Mi geschl., Ferien vom 20.12. - 1.2., Tel. 89.49.82.34.

- Der große, modernere Kasten des *Hotel/Rest. Marchal**** ist etwas überholungsbedürftig, aber die Schlafzimmer sollen noch schön hell sein, mit Balkons und Blick auf die Vogesen. 40 Zi (Logis de France). Ordentliche Küche, kein Ruhetag.

- Unterhalb der großen alten Kästen an der Durchgangsstraße, aber ebenfalls mit Traumsicht: die *Villa Rosa*** (mit Schwimmbad, 9 Zimmer (Logis de France). Ferien vom 1. Nov. - 3. Febr., Tel. 89.49.81.19 und gleich daneben das einfachere *Mon Repos**, 6 Zimmer (Logis de France), Tel. 89.49.83.15.

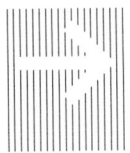 Weiter auf der D-11 Richtung Orbey nimmt die Zahl der Kurgäste wieder ab - Achtung im Sommer: Baumelers Velo-Tours-Busse kreuzen!

Von Trois Epis in Richtung Orbey

Auf einer großen Hochfläche liegt, weit verstreut, ein weiterer Höhenluftkurort: **Labaroche** (zwischen 750 und 770 m Höhe).

■ Direkt an der D11 die freistehende *Auberge de la Rochette***. Bei sonnigem Wetter keine Frage, hier mußt Du sein, der Garten ist einfach zu schön! Der Speisesaal mag für nüchterne Mitteleuropäer bedrückend gewöhnungsbedürftig sein: altes Mobiliar, volkstümlich welsch - aber sympathisch. Die Familie Preiss führt die Herberge engagiert und liebevoll (8 Zimmer, Logis de France). Vom 1. Nov. - 1. Juni So-abend u. Mittwoch geschl., Ferien vom 1. Januar bis 6. Februar. Tel. 89.49.80.40.

Das Münstertal

Von Colmar führt die D 417 geradewegs und zügig in Richtung Vogesen. Zunächst talaufwärts zum Hauptort *Münster*, dort teilt sich das Tal der Fecht (Münstertal) in das Große Tal Richtung Metzeral und in das kleine Tal Richtung Soultzeren, und dann weiter in Richtung des traditionellen Narzissen- *und* Kaffeeziels *Gérardmer* - während der Narzissenblüte im Frühjahr unheimlicher Betrieb. Wer's trotzdem wagt, eine stille, kleine Alternative zum allbekannten Gerardmer:

- Im kleinen Weiler **Kichompre** (nordwestlich Gérardmer, an der D 423) direkt an der Straße: *Chez Denise,* ordentliche Landgaststätte in einer ehemaligen Bäckerei, wo ein solider und erstaunlich preiswerter Viergänger serviert wird (zusammen mit Wein und Wasser um die 60 FF), nette, familiäre Atmosphäre. Gute Wandermöglichkeiten.

Zurück ins etwas teurere Münstertal: Dem Vogesenkamm zu rücken die Berge immer enger zusammen, die Straße wird kurvig und eng und steigt beim *Col de la Schlucht* bis auf satte 1258 m an. Die meisten Dörfer des weiteren unteren Münstertales liegen rechts, auf der zur Sonne exponierten Seite, wo sogar noch Wein wächst, während auf den sonnenabgewandten Hängen der Wald bis ins Tal hinabreicht. In einer relativ dunklen Talenge, die nur im Hochsommer reichlich Wärme abbekommt, liegt:

Munster

19 km westl. von Colmar, 5.000 Ew.

Kurzgeschichte: 'Münster' (lat. monasterium - Kloster) gab es im Münstertal schon im Jahr 660. Mönche erbauten hier am Zusammenfluß der nördlichen kleinen und der südlichen großen Fecht, die nach der Vereinigung in schneller Fahrt und ohne viel Schnörkel in Richtung Ebene weiterfließt, wo sie bei Illhäusern in die Ill mündet - noch dabei? - also genau hier, in Munster, erbauten die Mönche ein Kloster, die spätere Benediktinerabtei Münster. Berghänge wurden gerodet und man begann mit der Weidewirtschaft - ohne den späteren Erfolg des Käses auch nur zu ahnen (s.u.). Aus dem Kloster wurde *Münster*, die heutige Hauptstadt des Tales mit den zugehörigen Weilern *Eschbach, Breitenbach, Luttenbach, Hohrod*.

Das kleine Dorf im Tal wurde zum beliebten Ausflugsort und Ausgangspunkt für Wanderer. An der Hauptstraße reihen sich die Feinkostläden, ihr gemeinsames Ziel: Keiner verläßt den Ort ohne einen Laib Munster.

Käsegeschichte

Munsterkäse (Munster) wurde aus der Not heraus geboren: Im Winter und immer dann, wenn von den entlegenen Vogesen-Höfen die frische Milch nicht mehr zu Markte zu transportieren war, wurde eben Münsterkäse produziert. Praktische Überlegungen standen bei der ursprünglichen Münsterkäseproduktion, wie bei manch anderer Käsesorte, stets vor kulinarischen Finessen. Auch wenn das heute im Elsaß niemand gerne hört, es ging zunächst einmal schlicht und einfach um eine Methode der Haltbarmachung, die auf jedem Hof und ohne größeren Aufwand zu praktizieren war. Und so schmeckt auch heute noch mancher 'Fermier-Munster' mehr als derb.

Der *Munster* ist einer der ältesten Käse Frankreichs, außerhalb der Region heißt er auch *Géromé* und gehört zu den 27 Käsesorten mit geschützter Ursprungsbezeichnung AOC (Appellation d'Origine Contrôleé). Die Zahl der gesetzlichen Bestimmungen (u.a.: Erzeugungsgebiet der Milch, zugelassene Tierart, Futtermittel, Reifedauer) sind aber beim Münster, verglichen mit anderen A.O.C.-Käsesorten, relativ eingeschränkt und damit leicht zu erfüllen, beim Münster sind nur geregelt: Herkunftsregion der Milch und die Rezeptur. Deshalb ist es auch möglich, daß der weitaus größte Teil auch des A.O.C.

Münster *(= Munster Géromé)* heute aus Fabriken stammt. Fabriken, die ihre Milch natürlich nicht nur von den engeren Vogesenweiden beziehen, die für die ursprüngliche Berühmtheit des Münster gesorgt haben.

Heute wird der Münsterkäs, ein aromatischer Weichkäs aus Kuhmilch, in den ganzen Südvogesen hergestellt - also weit über das namensgebende elsässer Münstertal hinaus.

- *Munster fermier*, ist Münsterkäse vom handwerklichen Käser aus frischer (Roh)-Milch. Typisch für den 'Fermier' sind relativ flache (nur 2-4 cm hohe) und dafür recht breite Käselaibe.

- Industriell produzierter Münster (auch: *Munster Géromé*) stammt (oft, aber nicht immer) aus pasteurisierter Milch (vgl. unten).

ZU KAUFEN gibts den *Munster fermier* natürlich direkt beim Erzeuger, oder bei den verschiedenen *Ferme-auberges* (s.u.), die teilweise auch auf den Märkten in Colmar, Mulhouse, Riedisheim und St. Louis vertreten sind (vgl. dort). Außerdem: in den Käseläden in Munster und Colmar und auf den Wochenmärkten. Ferme- und Marktverkauf garantiert zumindest im Sommer während der Touristenzeit hohen Umschlag. Deshalb erhält man dann richtig gereifte (und nicht wie im Handel oft üblich) zu lange gelagerte Ware.

- Was bei der Lagerung von Munster vielleicht noch wichtiger ist als bei anderen Sorten: unbedingt vor dem Genuß auf Zimmertemperatur bringen, Münsterkäse sollte nie im Kühlschrank frieren!

Ein paar kleine Käseproduzenten aus den Vogesen haben sich zusammengeschlossen und vermarkten ihren selbst produzierten Käse gemeinsam: *Cooperative des producteurs et affineurs de Munster des Hautes-Voges*. Verkaufsstellen sind u.a.: *Le Cellier des Montagnes* in Hachimette (im Weisstal nördlich vom Münstertal). Anfahrt: Von Colmar auf der Rue

National 415 Richtung St. Dié/Nancy, Col du Bonhomme. Kurz vor Lapoutroie am Ortsausgang von Hachimette links beim alten Eisenbahnwaggon, liegt der kleine Laden der Bergbauern (Tel. 89.47.23.60), tägl., auch So (!), von 9 - 12 Uhr und 14.30 bis 19 Uhr. Munster-, aber auch Berg- und Ziegenkäse, darunter ein sehr feiner Bergkäse, Butter, Rahm, Eier, Holundersaft, Honig u. Marmeladen, versch. Essigsorten, Speck, Geflügel, Schnaps etc. Warum funktioniert so etwas eigentlich bei uns nicht?

■ Ein paar Kilometer westlich Hachimette, rechts am Ortseingang von *Lapoutroie* sitzt mit einer der größten regionalen Vermarkter und Affineure von Münsterkäse: *Caves d'Affinage, Jacques H a x a i r e*, 18, rue du Général Dufieux - mit schönem Käseladen. Im Angebot sein 'Munster Géromé Haxaire', ein Rohmilch-Munsterkäse (au lait cru) von sehr guter Qualität in verschiedenem Reifezustand und ein feiner Rohmilch-Ziegenkäse . Aber Vorsicht: Haxaire stellt ebenfalls Münster aus pasteurisierter Milch her, der auch in Supermärkten vertrieben wird, außerdem parfümierte und zugekümmelte Ware für die stumpfen Zungen.

Fermes Auberges im Münstertal

Bei *Soultzbach* (auf halber Strecke zwischen Colmar und Munster, an der D 417) beginnt das Land der *Ferme Auberges*. Seit fast 100 Jahren gibt es diese speziellen **Bauerngasthöfe** mit den typischen Gerichten der bergbäuerlichen Küche (s. unten). Jeder Hof hat sein eigenes Angebot, das eigener Produktion und Wirtschaftsweise angepaßt ist. Nach den gesetzlichen Bestimmungen müßte 70% des ferme-auberge-Angebotes aus eigenen Produkten stammen - in etwa vergleichbar mit unseren Straußenwirtschaften. Doch wird dies wohl hier wie dort nicht so genau genommen. Nicht zu übersehen ist auch, daß manche Fermes dem romantischen 'zurück zur Natur'-Trend gehorchend, recht dürftige Ware in mehr als schlichter Umgebung anbieten und das Ganze dann als ursprüngliches Erlebnis geschickt vermarkten. Auch hier gilt es, genau hinzusehen. Ein Misthaufen allein ist noch kein Gütesiegel.

Es gibt ca. 60 Höfe, einige haben ihr Vieh nur während der warmen Jahreszeit auf den Hochweiden und im Winter im Tal, andere bleiben das ganze Jahr über oben im Gebirge. Der größte Teil des Viehbestandes ist reine Vogesenrasse. Das schwarz-weiße Fleckvieh der Vogesen ist eher kleinwüchsig, es liegt im Ertrag weit hinter den schweren Turbokühen, ist aber ideal an die Lebensbedingungen des Gebirges angepaßt, vergleichbar mit der Hinterwälder-Rasse, die in einzelnen schwarzwälder Tälern nun auch wieder zu sehen ist.

■ **Was fehlt**: Das Vogesenbauernhaus - anders als im Schwarzwald gibt es keinen eigenständigen Bauernhaustyp. Die Fermen sehen - wegen fehlender gemeinsamer Bautypen - im allgemeinen einfach und oft charakterlos aus. Wellblechdächer, Eternitschindeln, Formsteine, was da, war wurde verbaut - zweckmäßig, aber bestimmt nicht schön. Lediglich in der Gegend um Orbey/Pairis stehen noch einige schöne Bauernhöfe mit mächtigen Auffahrtbauten aus Steinbrocken, die fast einer Brücke gleichen.

Fermes Auberges-Führer vgl. Literaturverzeichnis.

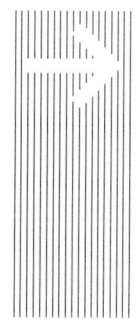

Zur **klassischen Melkermahlzeit**, *repas marcaire*, wie sie in den fermes auberges gereicht wird, gehören Eigenerzeugnisse und regionale Spezialitäten: *la tourte de la vallée*. Fleischkuchen. Wenn der Melker kochen kann: mit lockerem Brät in knuspriger Teighülle - wehe, wenn er's nicht kann! Außerdem Rauchfleisch und Roigabrageldi, Bratkartoffeln von rohen gebratenen Kartoffeln, natürlich Münsterkäs (munster) und Elsässer Wurst ...

Die A n f a h r t zu den *Fermes Auberges*, speziell zu jenen, die nordwestl. unterhalb des Petit Ballon (1267 m) liegen, ist von zwei Orten aus möglich (die Fermen sind grün ausgeschildert):

- *Erste Möglichkeit* (zur FA Buchwald, Kahlenwasen, Lameysberg): Von der D 417 Colmar-Münster, Abzweigung nach 13 km in Soultzbach-les-Bains, die D2 führt 5 km fahrradfreundlich und nur leicht ansteigend am hübschen Krebsbachtal entlang nach Wasserbourg, dem einzigen Ort in diesem Tal. Am Ortsausgang, in der engen Rechtskurve, sind die ersten Fermes ausgeschildert. Und hier fängt dann die Schinderei für die Radler an, eine asphaltierte kleine Forststraße führt steil durch den Wald hinauf zu den Hochweiden der verschiedenen fermen, bis kurz unterhalb vom Petit Ballon .

- *Zweite Möglichkeit* (zur FA Geisbach, Christlesgut und ebenfalls zur FA Buchwald, Lameysberg, Kahlenwasen): gleich südl. Munster, dem Wiesental der Großen Fecht auf der D 10 folgen, und bei Luttenbach oder Breitenbach links auf die route du Petit Ballon abbiegen.

■ In **Luttenbach** erholte sich Voltaire 1754 von dem Ärger mit Friedrich dem Großen. Heute würde er sich wahrscheinlich wieder ärgern: Die Eiche, unter der er immer gerne saß, ist gefällt und im Gasthof *Le Chene Voltaire* säße er unter viel zu vielen ganz verbissenen, neonbunten moutain-bikern.

■ W a n d e r u n g e n im Gebiet des Kleinen Belchen (1267 m), der wegen seiner glattgeblasenen 'Kahlen Höhe' auch Kahler Wasen genannt wird, haben den Vorteil, daß die Wege die meiste Zeit auf Höhen mit freier Sicht und wenig Wald entlangführen. Ideal also im Frühjahr und Herbst - im Hochsommer kanns dagegen lästig sonnig werden. An Sitzgelegenheiten mit schöner Aussicht und guter Bewirtung fehlt es bestimmt nicht, im Bereich des Kleinen Belchen gibt es ein Dutzend Berggasthöfe. Die beste Wanderzeit: zwischen Anfang Mai u. Ende September, wenn alle Berggasthöfe geöffnet sind. *Wanderkarte:* Karte des Vogesenclubs Blatt Munster, 1:50.000.

Am nächsten zum Petit-Ballon liegen die beiden folgenden Fermen (die Zahlen beziehen sich auf die Karte S. 154):

1 Ferme Auberge Buchwald - die vielleicht angenehmste Ferme Auberge, auf jeden Fall eine der am schönsten gelegenen (1050 m), leider keine Übernachtungsmöglichkeit. Glücklicherweise liegt das Gasthaus etwas abseits (300 m) der Straße auf den Petit Ballon, so bleibt die Oase von vielen Wochenend-Ausflugsbussen auf der Petit Ballon-Tour unberührt.

Die schwarz-weiß gefleckten Vogesenkühe grasen auf den Postkartenweiden, die Aussicht auf's Münstertal könnte nicht schöner sein; auch vom großen Saal aus, der genügend Platz für 100 Hungrige bietet (an einem sonnigen Sommerwochenende können hier durchaus mal bis zu 150 Besucher vorbeischauen). Daß die Fenster etwas zu weit oben sitzen, mag ja sein, dafür stimmt der Rest: die Kuhglocken hängen ordentlich und regelmäßig an den Deckenbalken, der Kachelofen steht gemütlich in der Ecke und auch am Essen gibt es gar nichts zu meckern: die große Suppenschüssel schafft Vertrauen, der frische Salat stammt aus dem Garten und dann wird's barock: ob *Charcuterie*, geschmorter Schinken, *tarte de la vallée* oder gerollter Kalbsbraten. Eine kleine Klippe ist - nach so hochkalorischer Kost - die Integration des obligatorischen Münsterkäses, es fehlt der Magen mit Zinkeinsatz! (Auf den Petit-Ballon sind es aber nur 50 Minuten). Der frische Obstkuchen hat einen unverschämt dünnen Teig, die Sahne eine Offenbarung... Muß ja nicht alles beim Ersten mal sein, vielleicht kommen Sie einfach öfter vorbei.

Vom 15. Mai bis 15. Oktober täglich geöffnet, ab Ostern und bis Mitte November nur an Wochenenden. Ferme-Auberge du Buchwald, 68380 Breitenbach, Tel. 89.77.37.08 oder 89.77.54.37. Anfahrt: zur FA Buchwald sinds von der Abzweigung von Soultzbach ca. 7 km.

- V e r d a u e n : Ab Ferme auf den Gipfel des Petit Ballon ca. 50 Min, Boenlesgrab (60 Min, rote Scheibe), Breitenbach 1,5 Std.

- **2** Auf der Ballon-Strecke weiter, liegt direkt unterhalb vom Petit Ballon (1268 m) die **Ferme Auberge Kahlenwasen** (1169 m) links oberhalb der Straße. Auch hier wieder ein heimeliger Gastraum, aber viel schöner ist es hier, an einer der langen Bänke draußen zu sitzen, die herrlich weite Sicht über die kahlen Weiden zu genießen. Aber nicht die Rösser füttern - das ist verboten! Allerdings führt direkt unterhalb der Ferme das schmale Paßsträßchen vorbei, auf dem im Sommer und Frühherbst Ausflugsbusse hinaufkriechen und oft für ein volles Haus sorgen. Madame schmeißt den Laden gekonnt, ihr Temperament reißt sogar manchmal den Patron mit, der alles gern ein wenig ruhiger hätte.

11 Zimmer (2 - 4 Pers.), Halb- oder Vollpension (130 Francs pro Person für die üppige Halbpension. Eßraum für ca. 100 Pers. Melkermahlzeit, Jambon braisé, Kassler und Kraut, Rehragout auf Bestellung (Civet de Chevreuil), Casse-croutes den ganzen Tag. Marcaire-Menu mit der Tourte de la Vallée (Fleischpastete), der Zwiebeltorte, dem geräucherten Schwiinsfilet, Heidelbeertorte. Menu 50 - 70 Francs. 24 Francs für ganzen Munster, der aber nichts besonders ist.

Von Ostern bis Mitte Nov. geöffnet. 15.Nov. bis 26. März geschl. Adresse: 49, rue Principale, Muhlbach, 68380, Metzéral. Tel. 89.77.32.49 oder 89.77.64.26. Auf den Gipfel des Petit Ballon sinds nur noch 1/2 Std, Lameysberg 1 h, Breitenbach 2 h. Zum Gipfel des Petit Ballon sinds von hier nur noch 1/2 h, Boenlesgrab 1 Std. Lameysberg 1 h, Breitenbach 2 h. Außerdem Reitmöglichkeiten.

Weiter entfernt vom Ballon in Richtung Luttenbach/Breitenbach die folgenden Fermen:

- **3 Ferme Auberge du Geisbach**. Auf einer Lichtung oberhalb Luttenbach (795 m) am Beginn des großen Münstertales mit Blick auf Hohrodberg (3 km ab Breitenbach). Es kräht, gackert und brüllt: Enten und Truthähne, Hühner und Kaninchen, 20 Rinder. Kleinere Vesper gibts immer, und auf Bestellung: Hahn in Rieslingsauce, Baeckaoffa und Wildgerichte.

Kleine Terrasse. Do geschl., 5 Zimmer (Mindestübernachtung 3 Nächte). Ganzjährig geöffnet außer 15. Dez.- 15. Januar. Tel. 89.77.32.63.

- Wandern: Von Luttenbach und von Breitenbach führt ein Wanderweg hinauf auf die ferme. Kleiner Belchen 2 Std., Boenlesgrab 3 Std., Obersolberg 1 Std. Anfahrt: Von *Breitenbach* aus, die Ferme liegt am Ende der 3 km langen Teerstraße.

■ **4 Ferme Auberge de Lameysberg.** 6 km südlich Breitenbach in 900 m Höhe mit schöner Terrasse und zwei gemütlichen, kleineren Gaststuben. Rechts die heimeligere Stube mit Kachelofen und schöner Talsicht. Der quirlige Wirt Martin Kempf schmeißt den Laden sehr engagiert und läßt sich morgens auch mal beim Münsterkäseherstellen zuschauen. Er verarbeitet die Milch von 20 Kühen und hat keinerlei Absatzprobleme. Die Küche ist ordentlich sättigend, nicht mehr, nicht weniger: Tourtes de la Vallée, Roigabrageldi, Quarkkäse mit Kirschwasser, Heidelbeertorte, Münsterkäse auch zum Mitnehmen. RT: Di , 1. 12. - 1. 2. geschl. Tel. 89.77.35.30.

- Eine W a n d e r u n g um den kleinen Belchen dauert ab Ferme 2 bis 3 Stunden.

■ **5 Ferme Auberge du Christlesgut** (880 m), östlich der FA Lameysberg: Von Breitenbach über den Stemlisberg zu erreichen (5 km), zum Schluß wirds allerdings holprig, die letzten 500 m geht man am besten zu Fuß. Die Ferme ist sehr schön gelegen, hat einen Gastraum für ca. 50 Personen und eine Terrasse. Außerdem Übernachtungsmöglichkeit: Ferienwohnung für 6 Personen, mit Küche & Bad, und einfache Zimmer 'chambres d'hotes' (Gîtes de France).

Nach Vorbestellung gibt es baeckaofa, Sonntags Melkermahlzeit, Casse-croute jederzeit, täglich Münsterkäse in Blätterteig. Der ausgezeichnete, weit überdurchschnittliche Käse vom Christlesgut (vor allem der dickrindige Bergkäs - mit verschiedenen Zutaten) und der Münsterkäs, wird auch auf den

Märkten in Mülhausen und Umgebung angeboten. Besichtigung der Käserei ist möglich - ab 10 Uhr morgens. Frédéric und Danielle Dischinger, 68380 Breitenbach, Tel. 89.75.51.11 oder 89.77.53.56. Von 1. Mai - 31. Oktober täglich geöffnet.

- W a n d e r u n g e n : Zum kleinen Belchen 1 1/4 h, Breitenbach 1 h.

Vom Münstertal nach Norden

Nach *Hohrod* und über *Orbey* ins *Tal der Weiss*

Wenig westlich von Münster führt ein kleines Bergsträßchen (D 5b1) hinauf zu einem beliebten Ski- und Wandergebiet in außergewöhnlich freier Lage mit Panoramablick.

Hohrod

■ Zunächst das stattliche, alte Gasthaus *Beau Site**, es liegt im unteren Ortsteil von Hohrod, aber selbst dort reicht die Höhe schon für eine herrliche Panorama-Sicht aufs Münstertal - natürlich mit großer Terrasse. Küche belanglos. 14 Zimmer (Logis de France), Gasthaus Mo, Di-mittag geschl., Betriebsferien vom 15. 11 - 1.2. Tel. 89.77.31.55, 3, rue principale.

■ Ein paar Kehren weiter oben, mit noch mehr Sicht - auf das Münstertal und nun auch auf den Petit Ballon und die Hochvogesen - der Höhenluftkurort *Hohrodberg*, unterhalb des Lingekopfes: Hotel/Restaurant *Panorama***, mit kleinem Gartenrestaurant direkt an der Kurve. 33 Zimmer (Logis de France), 3, route du Linge, Tel. 89.77.36.53. Mo, Di-mittag geschl., 8.1.- 7.2. Betriebsferien. Aber wie gesagt, es zählt allein die Sicht, das Essen ist weniger wichtig und weniger gut.

- Und über allem thront der übermächtige Kasten des *Roess***, 16 route du Linge, 31 Zimmer (Logis de France). Tel. 89.77.36.00 (RT Mo, Di-mittag und Ferien vom 5.11. - 19. 12.).

Das Bergsträßchen führt weiter auf dem Kamm zwischen *Wettstein-/Paß* und *Linge-Paß* - durch ein trauriges Gebiet, wo nach dem Hartmannsweilerkopf in den beiden Weltkriegen die schlimmsten Kämpfe stattfanden (großer Soldatenfriedhof beim Lingekopf, Memorial du Linge).

- Etwa 200 m abseits der Straße Wettsteinpaß - Lingepaß eine außergewöhnlich schön gelegene *Ferme Auberge:* **Glasborn Linge** (950 m, s. Karte S. 154 - Nr. 6), auf der dem Münstertal zugewandten Seite. Befreite Ausblicke - an klaren Tagen bis zum Berner Oberland. Die Sicht ist hier eindeutig das Schönste, dazu gibts noch einfache Vesper und auf Vorbestellung Melkermahlzeit, Baeckaoffa, oder Sauerkraut alsacienne. Der Gasthof ist von Ostern bis Allerheiligen geöffnet, keine Übernachtung möglich. Ruhetag ist Montag - außer während der Hochsaison, dann ist immer geöffnet - und meist voll. Tel. 89.77.37.78. (Zufahrt außer über Munster auch über Trois Epis aus möglich: von Colmar aus auf der D 11 Richtung Orbey, nördl. Trois Epis auf die D 11 VI in Richtung Col du Wettstein. Ca. 500 m hinter der Gedächnisstätte links auf die ausgeschilderte Zufahrt zur Ferme abbiegen).

- Gut ausgeschilderte **H ö h e n w a n d e r w e g e** führen von hier aus zum Wettstein-Paß (1/2 h) oder zum *Lac du Forlet* (1,5 h), zum Forlenweiher (Forle = Föhre). Über seinen Namen gehen die Meinungen auseinander, manche übersetzen auch in Forellen-See u. wieder zurück in *Lac des Truites*. Dabei handelt es sich also um den nämlichen, den höchstgelegenen See der Vogesen (1061 m) am Fuß der Felsenwand Forlematt. Am schönsten im Juni und Juli - wenn die Bergblumen blühen. Karte des Vogesenclubs Blatt Münster. 1 : 50.000.

Hohrodberg - Orbey

Auf der Weiterfahrt vom Col du Wettstein nach (880 m) nach Orbey (500 m) hinunter, kommt dann der weite freie Blick abhanden, die Landschaft wirkt nun karg, spröde und abgeschieden, weit verstreute Bauernhöfe harren wie einsame Monolithe in einer abweisend herben Landschaft aus.

■ Noch oberhalb Orbey (kurz hinter der Abzweigung zu den Skigebieten und *Les Lacs*) steht rechts, direkt an der Straße nach Basses-Huttes, ein Bauernhof mit kleinem Bauernladen. Das Angebot ist durchweg ausgezeichnet: Ziegen- und Bergkäse, außerdem Kuhmilchfrischkäse, Munster fermier, ordentlicher Kuhmilch-Joghurt und schlicht und einfach 'die' endgültige Marmelade (Heidelbeer, Brombeer, Waldhimbeer (!) und Kirsch, alle mit viel Aroma und wenig Zucker): *La Ferme du Prés du Bois,* 68370 Orbey, Basses-Huttes, auch an Sonn- u. Feiertagen geöffnet, Tel. 89.71.22.11.

Das Bergsträßchen führt weiter abwärts, durch den kleinen Weiler *Basses Huttes*. Wer die Abgeschiedenheit nicht fürchtet:

■ Hotel/Restaurant, *Wetterer***, ein einfaches sympathisches Haus mit 16 Zimmern (Logis de France), Mi Ruhetag, Ferien vom 10. 11. bis 15.12, Tel. 89.71.20.28. Mme Wetterer vermietet auch ein Gîte (Ferienhaus), alleinstehend oberhalb Basses Huttes, in Hautes Huttes (900 m). Das hat den Vorteil der offenen freien Lage: 3 Zimmer (insg. 6 Betten), Küche, Bad. Näheres erfahren Sie bei: Mme Wetterer, 89.71.20.28.

Der Kernort **Orbey** selbst, zu dem insgesamt 38 Weiler zählen, wirkt nüchtern-verstaubt und lädt nicht unbedingt zum längeren Verweilen ein. Ein paar Kilometer weiter der Weiss entlang kommt ein großzügig angelegter Kreisverkehr: hier links, ein kurzes Stück auf der Bretterstrecke N 415, die über den Col du Bonhomme führt, und dann links ab, nach Lapoutroie.

Lapoutroie

(Schnierlach), 422 m, 19 km westl. Colmar. Die letzte, größere Siedlung auf dem Weg zum *Col de Bonhomme* ist ein Ausgangspunkt für aussichtsreiche W a n d e r u n g e n (Vogesen-Wanderkarte Blatt Münster-Gérardmer, La Bresse) auf den *Col de Bermont* (642 m, Weg Nr. 4b, blaues Kreuz, ca. 45 min) und weiter auf den *Faux-Kopf* (1219 m, ca. 3 Std., Weg Nr. 6a), einem der großen Schlachtfelder der Vogesen während dem 1. Weltkrieg. Die schönste Zeit für längere Wanderungen sind der Frühsommer oder der Herbst, im Hochsommer bullt die Hitze auf die freien Berghänge.

■ Guten Munster-Käs gibts gleich am Ortsbeginn rechts, bei *Jacques Haxaire*, außerdem in dem kleinen Weiler Hachimette noch östlich vom Kreisel (s.o. unter Münsterkäse).

■ *Vespern in unmittelbarer Nähe von Laputroie:* Vom Rathaus in Lapoutroie ist der Weg zu der auf 700 m Höhe gelegenen **Ferme Auberge Kébespré** (Karte S. 154, Nr. 7) ausgeschildert. Die Anfahrt lohnt: ein schmales, aber geteertes Sträßchen führt 3 km an Obstbäumen vorbei den Berg hinauf - immer mit schönster Aussicht. Die Familie Verchère bewirtet diese abgelegene Ferme schon seit den 60er Jahren und in der Zwischenzeit wurde aus der einfachen Ferme ein großes Restaurant. Heute sind Kreditkarten willkommen und auch die Preise haben etwas vom Rustikalen verloren (Menu 80 FF). Nicht so der schlichte, dunkle Gastraum: sonntags wirds hier rammelvoll und ohne Vorbestellung ist fast kein Platz zu bekommen. Terrasse gibts leider keine, einige Spontantische stehen bei Sonnenschein vor dem Eingang. Unterm Strich: Die Anfahrt ist romantischer als das Ziel.

Im Angebot (der Hof hat eigene Kälber und eine Forellenzucht): Fleischkuchen, Kalbsbraten, Melkermahlzeit und auf Bestellung Forellen. Außerdem 2 Ferienwohnungen mit Küche & Bad (Gites de France). Mo Ruhetag, vom 1. Mai bis 1. Oktober geöffnet, außerhalb dieser Zeit (außer im Januar) nur an Wochenenden, Tel. 89.47.50.71.

- **W a n d e r u n g e n** von hier aus zum Bonhomme (1 h), zum weißen See (2 h), zum Devin-Weiher (1/2 h) oder auf den Brézouard (1229 m, 2,5 h).

■ *Wer lieber nobel tafelt:* Hotel/Restaurant *Les Alisiers*** (700 m). Ein kleines Bergsträßchen führt ebenfalls vom Rathaus in Lapoutroie aus noch 3 km in die Berge, durch Obstbäume und natürlich auch an *alisiers*, Ebereschen, vorbei. Hier wohnt der Feinschmecker. Gault Millaus Sendboten und Scharen von Journaille war schon vor uns hier, und alle waren zufrieden, schreiben es zumindest. Die Lage des Hotels auf 700 m macht süchtig. 1815 stand hier ein kleines Bauernhaus, 1977 wurde umfassend vergrößert und neuerdings bietet ein verglaster Speisesaal Panoramasicht auf den *Brézouard* (Birschberg, 1228 m) und den *Faux-Kopf* (*le fau* ist das altprovencalische Wort für eine Buchenart, von lat. fagus - was wir nicht alles wissen!). Die Küche ist gut und leicht. Die Preise reflektieren Lage und Ambience: Menu 120 - 195 FF, Küche bis 21 Uhr. Leise plätschert anstrengende Klassik im Hintergrund und sorgt für den drögen, pseudobürgerlichen Rahmen - nicht jedermanns Sache. Außerdem gibts noch 12 liebevoll ausgestattete Zimmer (Logis de France). Die Adresse ist wohlbekannt - während der Saison unbedingt reservieren! Tel. 89.47.52.82, Fax 89.47.22.38. Adresse: 68650 Lapoutroie, 5 Chemin du Faudé. Ruhetage: Moabend, Di. Ferien vom 17. - 27 Juni, 3. - 24 Dez., 26. - 30. März).

■ Ohne Aussicht, dafür mitten im Dorf: das stattliche *Hotel/Rest. Du Faudé***. Die Küche ist banaler und etwas schwerer als im Alisiers (Menu 75 - 250 FF) - aber ordentlich. Außerdem 26 ruhige Zimmer (Logis de France). Vom 5. - 23. März und 15. Nov. - 15. Dez. geschl., Tel. 89.47.50.35, Fax: 89.47.24.82.

Noch eine lohnende Ferme, westlich Sélestat:

☼ Kurz unterhalb vom Gipfel des *Col de Fouchy* (597 m), zwischen Lièpvre und Fouchy: die hübsche, kleine **Ferme Auberge Irrkrüt** (Nr. 8, vgl. Karte). 'Irrkrüt' heißt die Pflanze, die den verrückt macht, der sie ißt. Das Irrkrüt soll hier in der Gegend wachsen. Wir vertrauen den beiden Wirtsleuten Michel und Noelle Nell, denn sie bewirten diesen herrlich gelegenen Bauernhof schon seit 1987. Mit der Zeit haben die beiden sich einen netten kleinen Zoo zugelegt: Hühner, Enten, Schafe und Truthähne. Noelle kocht außergewöhnlich gut und abwechslungsreich, die Kräuter holt sie aus dem Garten hinter dem Haus. Auf der Speisekarte stehen: Münster im Teigmantel, Lammfleisch, Entenfilet, eingelegtes Entenfleisch, Frischlingsterrine (Menu 80 - 100 FF). Natürlich ist nicht immer alles vorrätig, bei speziellen Wünschen vorher anrufen. Die Öffnungszeiten sind ganzjährig, aber dafür kompliziert: von März bis Mai RT Mo, Di; von Juni bis Sept. RT Mo; von Oktober bis November RT Mo, Di; von Dez bis Februar nur an Sams-, Sonn- und Feiertagen. Tel. 88.57.09.29. 2 sehr einfache Doppel-Zimmer (150 FF). .

- Anfahrtmöglichkeiten: Am Ende des Weilers Fouchy, zwischen Villé und Urbeis, zweigt links die kleine Paßstraße auf den Col de Fouchy (597 m) ab. Die Ferme ist außer von Villé auch von Lièpvre (von Sélestat in Richtung St. Marie-aux-Mines, N 59) erreichbar: In Lièpvre rechts (D 48) nach Rombach-le-Franc und weiter Richtung Col de Fouchy. Die ferme liegt von hier aus jenseits der Paßhöhe auf der rechten Straßenseite.

Sélestat

(*Schlettstadt;* slat, Sumpf) 16.000 Ew., auf halbem Weg zwischen Vogesen und Rhein. Die auffallend schöne und gut erhaltene Altstadt belebt sich am Dienstagvormittag: hier findet der größte Straßenmarkt im ganzen Elsaß statt. Das Angebot an Lebensmitteln ist für die Größe des Marktes allerdings nicht überwältigend, die meisten Stände verkaufen einfache Kleider, Hosenträger, Schuhe, eben alles, was in der Stadt ein Woolworth-Wühltisch hergeben würde; zusätzlich noch den himmelblauen, abgesteppten Morgenmantel, mit dem in Frankreich gerne noch bis viertel vor 12 über die Straße geschlappt wird.

- M a r k t : Bis 5 nach Zwölf im Angebot: alles, was fürs gute Leben notwendig ist, das wären Muscheln, Fische, Geflügel, gebratene Hühnchen, tarte flambée, frischer Ziegenkäse, Joghurt und im Herbst eine große Pilzauswahl aus den Vogesen. Di-Vormittag.

■ *Au raison d'or* (rue du Sei, Sa Ruhetag) - die ideale Marktkneipe, keiner fällt auf, selbst wenn er morgens um 10 schon die Tasse schwingt. Die Plastiktischdecke sauber gewischt, das Mutzigbier schmeckt frisch! Wer mehr wünscht:

■ Das nette Vollwert-Bio-Restaurant: *Mahlkischt* oder *Mehlkischt* (nicht zu verwechseln mit Mahlkischt, hat also nichts mit Künstlern zu tun!), direkt an der Hauptstraße gelegen, die am alten Centre, rue du Président Poincaré, entlangführt. Nicht zu übersehen: zart giftgrün angestrichen mit ockergelben Fensterläden.

Ein schlichter - nicht rustikaler! - Gastraum im Ergeschoß, im 1. Stock ein weiterer Speisesaal für abends. Hier tanzt noch die Wollsocke, die Sandale und das Zöpfchen, aber auch Abtrünnige dürfen sich frei bewegen, Fleisch essen, rauchen und Alkohol trinken - sogar offenes Bier im Ausschank und Bio-Wein im Angebot. Selbst der Service hat sich mit seiner Bestimmung arrangiert und bedient flink und aufmerksam. Kurzum, alles funktioniert außergewöhnlich gut, so daß man leicht über den Hirsehaufen und Navet-Klops hinwegkommt. Einen Besuch wert, denn es gibt immer noch zu wenig Restaurants, die sich die Mühe machen, das Fleisch von einem Bio-Metzger zu holen (hier vom einzigen im Elsaß: Schellenberger in Soultz)! Von Mo bis Do 11.30 - 23 Uhr; Fr und Sa von 11.30 bis 24 Uhr. Tagesteller 40 FF, Menu 48 - 75.

■ Etwas touristischer - dafür können Sie auch mit Kreditkarte bezahlen: *Auberge des Allies***, direkt am Marktgeschehen. Typ: rustikal-elsässisch, warme Fleischpastete, Quiche Lorraine, gute Tartes. Mittags-Menu 88 FF, abends 138 - 225. Tägl. geöffnet, 20 Zimmer (Logis de France). 39, rue des Chevaliers, Tel. 88.92.09.34.

- Interessante **Orte im Ried** (östlich Sélestat) stehen unter 'Übergänge'.

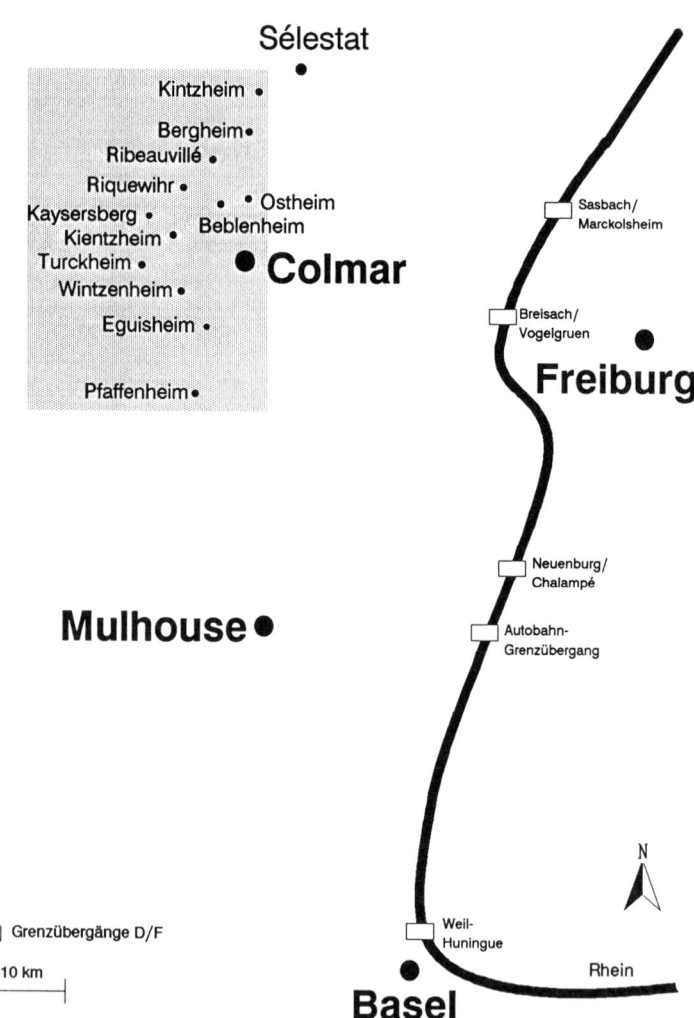

*"Im Hintergrund
siehste immer Weinberge"*

Très jolie:
Die arg idyllischen Winzerorte

Das unvermeidliche Riquewihr naht. Die entsprechende Ausfahrt von der N 83 liegt nördlich Colmar, sie heißt in bester französischer Autobahnprosa 'Les Perles du Vignoble'. Und dazu fällt nun wirklich jedem Reiseführer etwas ein, auch schon früher: "Drei Burgen auf einem Berg, drei Kirchen auf einem Kirchhof, drei Städte in einem Tal, ist das Elsaß überall." (Matthäus Merian) Des Rätsels Lösung: Drei Burgen - Ribeauvillé; drei Kirchhöfe: Riquewihr; drei Städte in einem Tal: Ammerschwihr, Kientzheim, Kaysersberg. Sie befinden sich hier also im Auge eines touristischen Hurrikanes. Wer noch nie da war, denkt an eine Mischung aus Rüdesheim und Kreditkarten, an Butzenscheiben und Sony-Handycam. So eingestimmt, müßte der Freizeitpark Zentralelsaß zu überstehen sein.

Falls Ihr Interesse mittlerweile doch etwas gelitten hat: die Städtchen im Süden von Colmar (Soultz, Rouffach, Pfaffenberg) sind vergleichsweise touristenberuhigt - und immer noch très, très jolie.

DIE PERLEN RUHEN SICH AUS: hinter Blumenkübeln, Erkern und Fachwerkhäusern. "Die Fassade ist alles - und umgekehrt". (Thomas Platt in: Der Halt - Magazin für Lebensfragen). Das Niveau vieler, der meisten Restaurants und Wistuben entwickelte sich umgekehrt zur Zahl der freigelegten Balken. Es liegt darnieder, am gepflasterten Boden, im Lehrerdeutsch: das 'Preis-Leistungsverhältnis' ist aus den Fugen geraten. Bei einer Kundschaft, die sich noch den letzten Ramsch als 'typische Küche' aufschwatzen läßt, wird Kritik aber erst sehr zögerlich laut.

Die Schleimspur feinschmeckender S-Klasse-Fahrer zieht sich derweil feist lächelnd durchs Elsaß. Besserung ist nicht in Sicht, eher wird die Klippschullyrik der Speisekarten noch bizarrer, das Geschnörkel auf der Rechnung noch einen Schlag lächerlicher werden, als daß sich in der Küche etwas bewegt.

Die Besatzungen der Busse bestehen wie jene der Benze auf ihrer *Route du Vin* mit den vier Trümpfen: Weindegustation, Gourmetmenü, Isenheimer Altar und Vogesenrundfahrt. So erzogen, hat man den Touristen gern. Selbst die sich neuerdings vermehrt hinzuschwitzenden mountain biker laben sich, grad so wie die alltäglichen Videogänger an jedem Winkelchen, jedem Wirtshausschild und jedem getürkten Flammkuchen. Das Personal, Winzer & Wirte, siehts mit Freude, jedem Geldbeutel wächst eine offene Hand. Disneyland liegt näher als Du denkst.

DENNOCH: Die kleinen Dörfer zwischen den Reben haben natürlich allemal mehr Charme als die mitteldeutsche, abwaschbare Wohnzelle inmitten einer lyonerrot gepflasterten Fußgängerzone. Es gibt - auch im Herzen des touristischen Auftriebs - noch erholsame Ecken und jeder findet eine passende Sitzgelegenheit. Entdeckungen sind allerdings passé, da geht nicht's mehr. Ein Romantikzuschlag wird fast überall gefordert und wer meint, er müsse ausgerechnet hier, wo Mieten am höchsten und Personal am rarsten ist, sein solides Gourmet-Restaurant suchen, hat's nicht besser verdient. Unser Rat: ein Viertel Gwürtz - und die Nörgelei hat ein Ende. Also ganz entspannt ins Getümmel - es muß ja nicht gerade im Juli/August sein und schon garnicht zur Weinlese . .

Die Weinstraße für den täglichen Gebrauch

Ersparen wir's uns und Ihnen, die Winzerorte um Colmar im Detail zu beschreiben. Alle miteinand sind nett und geranienschwer, alle tragen ihre dicke Stadtmauer stolz wie einen schweren Nerzmantel, dazu Schritt für Schritt Geschichte, konzentriert. Wann aufgemauert, wann zerschossen wurde, steht im bunten Heftle der Touristenämter ebenso gut wie in jedem Elsaß-Buch (vgl. 'Literatur') - deshalb hier kein Wort mehr darüber. Stattdessen ein paar ÜBERLEBENSHILFEN:

- VORSICHT WEIN: Er wird ab Weingut in *Lots* oder *Tours* verkauft: *Lot tradition* besteht z.B. aus je einer Flasche Edelzwicker, Sylvaner, Riesling, Gewürtz - alles für 99 FF, der *Tour de 4 bouteilles* arbeitet mit 2 Pinot blanc und 2 Edelzwicker für zus. 98 FF. Daneben können Sie noch wählen zwischen *Lot Hansi*, 155 FF; *Lot Dégustation* 195 FF oder dem *Lot Plaisir d'Alsace*. Was allen diesen Lots und Tours neben der praktischen Henkelkartonage und den etwas hohen Preisen gemein ist, ist eine Marketing-Gesinnung, die - ganz zu recht dem Motto folgt - "schnüre ein Paket, und Du verkaufst wie blöd" (copyrigt Oase). Falls Sie Weintrinker sind und kein Souvenirjäger, sollten Sie vor dem Lot-Kauf unser Weinkapitel am Buchende lesen.

- VORSICHT WIISTUBEN: Alle, wirklich alle, auch die ach so unverfälschten, authentischen, haben den oben erwähnten, traurigen Lauf genommen - Kulisse ist alles, oder war alles Kulisse? Die wenigen ordentlichen, soliden (die nie billig sein können) sind - was den Bereich um Colmar und die Region nördlich davon angeht, von Wolfram Siebeck und seinen Rieslingträgern aufgespürt und in den allermeisten Fällen auch objektiv bewertet worden (s. 'Literatur'). Falls Sie etwas für die klassische Tour übrig haben, ist es wirklich am besten, *Sie reisen auch nach Siebeck* (Zitat vom Nebentisch).

Ein paar andere Adressen, die wir auf die eine oder andere Art spaßig oder anregend fanden, stehen weiter unten. Für die verzweifelt Hungrigen gibt es überall genügend Pizzas, Quiches und Flammkuchen am Straßenrand, für Unerschrockene sogar Bretzel (mit Zucker, Käse und - ganz neu - sogar aus Vollkorn 'aux cereal').

Die Perlen von S nach N

Turckheim

3600 Ew., 7 km westl. Colmar am Ausgang des Münstertales oder Fechttal. Zweitgrößter Winzerort (371 ha Rebfläche) mit dem bekannten Rebberg *Brand*. Eine Touristenattraktion mit befestigten Toren und alter Stadtmauer - und originell bis zum irre werden: abends geht der Nachtwächter um und singt sein altes Lied, mit Laterne, Horn und Hellebarde (im Sommer ab 22 Uhr).

- Ebenfalls nur nachts lebt die Weinstube im mittelalterlichen Kellerverließ *Caveau du Vigneron* (18 Uhr bis 24 Uhr geöffnet). Kleine Karte mit elsässischen Gerichten. 5, Grand-Rue, Mo geschl., Ferien vom 20.8.-3.Sept.

Niedermorschwihr

Eines der eher sympathischen, alten Winzerdörfer, dicht unterhalb der steilen Rebhänge gelegen, mit erstaunlich geringer Andenken und Trödel-Dichte!

- Ein beliebtes Ausflugsziel der Colmarer und eins der lohnenden Kleinrestaurants - siebeckgeprüft: *Caveau Morakopf*, am unteren Ortsende, 7, rue des Trois-Epis, nur abends, So geschl., außer Juli, August, Sept. Wieder Elsaß-Kellerromantik, aber erstaunlich niedrige Preise. Eigene Weine. Fleischfondue auf Vorbestellung, Baeckeoffa 4 Pers. Unbedingt reservieren! Tel. 89.27.05.10.

Die drei Orte im Kaysersberger Tal (Tal der Weiss), nordwestl. Colmar

Ammerschwihr

2000 Ew., 7 km westl. Colmar. Drittgrößte Weinort im Elsaß. Im Winter 44-45 verlor das Städtchen die meisten seiner romantischen Winkel, übriggeblieben ist der Hexenturm, das Tor zu den Weinbergen.

■ Im Michelin-Ein-Sterner *Aux Armes de France*. Die Geschichte des Restaurants war über Jahre hinweg die Geschichte des unlängst verstorbenen Gourmet-Buffo Philippe Gaertner, den die übliche namengespickte Biographie zierte: Schüler von Bocuse und Boyer, Neffe des legendären Hansi Gaertner. Geboten wird nach wie vor teure Routine, über deren Konstanz derzeit wenig zu sagen ist. Serviert von einer routinierten Kolonne im schwarzen Frack mit den Händen auf dem Rücken. 1, Grand Rue, RT Mi, Do.

■ Ordentliche Weine gibts bei Sick Dreyer 9, rue de Kientzheim, ein vergleichsweise kleiner Betrieb mit 12 ha Rebfläche.

Kientzheim

13 km nordwestl. Colmar. Kientzheim hat ein wenig die Funktion, den *Overflow* vom prächtigen Kaysersberg zu assimilieren, es wird auch etwas weniger von den ganz fetten Bussen angefahren. Obwohl im Krieg bis zu einem Drittel zerstört, blieb eine fast unglaubliche Kulisse: Reste der beeindruckend mächtigen Befestigungen, hinter der sich die Wistuben und Flammkuchenzocker kauern. Selbst ein vor den Stadttoren aufgestellter Panzer aus dem 2. Weltkrieg kann den romantischen Rundumschlag nicht mildern.

■ Außerordentlich geschmackvoll eingerichtet, ohne den in der Region unvermeidlichen Elsaß-Aufputz: *Irrman's Stub*, 68,

Grand Rue, im Keller des barocken Chateau de Reichenstein am westl. Ortsende gelegen. Komischerweise bleibt der große Eßsaal im Stil eines Gewölbekellers außerhalb der Saison oft kahl und menschenleer - die großzügige Schloßherrenatmosphäre scheint nur zur Saison gefragt zu sein. 12 - 14 Uhr, 19 - 23 Uhr. Mo, Dimittag geschl. Bibalakas. Fleischstrudel (Fleisch-Schnägge), Kalbskopf, Kaninchenragout. Noch zivile Preise. Menu unter der Woche 95 F.

Kaysersberg

11 km nordwestl. von Colmar, an der N 415, die über den Col du Bonhomme führt. (Ab Ostern dürfen Autos nur bis 13.30 und nach 18 Uhr mit unterhöhter Geschwindigkeit durch den Ortskern rumpeln, nachmittags gilt: autofreie Innenstadt). Das langgestreckte Städtchen mit Burg, gelbbraunen Granitmauern, mächtigem Burgfried und verschiedenen Kirchen und Kapellen, steht ganz oben auf der Besichtigungsliste der großen Busse. Ganz wichtig: in der Oberstadt finden Sie das Geburtshaus des Lambarene-Lemuren Dr. Albert Schweizer (Museum tägl. zwischen 9 - 12 und 14 - 18 Uhr zu besichtigen).

Vorsicht Romantik

Riquewihr

(Reichenweier), 14 km nordwestl. Colmar, 1100 Ew. Das Oberammergau der elsässer Weinstraße, ganz im Zeichen der verschiedenen Dopff-Weingüter.

Auch die Stadtmauer kann nicht vor den bergaufwärts drängenden Touristen schützen. Erker, Portale, verzierte Brunnen und soviel Steinmetz- und Schnitzwerk, daß sich die Balken biegen. Die alles umfassende Idylle verwandelt jeden Besucher sofort in einen hilflosen Touristen. Der alte Ortskern (16. Jh.) ist hoffnungslos gut erhalten, jedes Haus ein historisches Kleinod: Der *Dolder*, das Obertor der ehemaligen Befestigung (gilt als schönster Torturm vom Elsaß, Ende 13. Jh.), steht da, als ob ihn das alles nicht anficht, genauso das Zunfthaus der Rebleute, der Hof zum Storchennest, das Weinsticherhaus etc.

Dazu kommt noch die nette Hanglage und die 'drei Kirchen auf einem Friedhof'. Riquewihr gilt in der Kategorie Kleinod als einer der meistbesuchtesten Orte Europas, das hat Folgen - bis in die Gesäßtaschen . Aber auf dem Markusplatz in Venedig hat das Cola vor 30 Jahren auch schon 1.80 Mark gekostet (das Touristenmenu ab ca. 85 FF)!

Die Autos müssen vor dem Tor bleiben, Parkplätze reihen sich rund um die Stadtmauer (ab Ostern - tous les jour, auch an Sonn- und Feiertagen - mit ziviler Kostennote: 6 FF für unbegrenztes Bewundern).

■ Wer vor dunkler, arg gewöhnungsbedürftiger Kellerromantik nicht scheut: *L'Arbalètrier*, Di-abend, Mi geschl. Tel. 89.49.01.21. In einer schmalen Gasse gleich am Anfang der Hauptstraße (rue Général-de-Gaulle) rechts. Ordentliche Küche.

■ Außerhalb der Stadtmauer - ein typischer Vertreter der vermeintlich gehobenen Küche und der damit korrespondierenden neureichen Klientel: *Auberge du Schoenenburg*, Rue de la Piscine. Der Archetyp eines modern, schicken Tempels für ausgewiesene Elsaßkenner. Die Klimaanlage surrt leise und bläst da und dort eine Spur zu kühl, die Begrüßung fällt barock aus, der Service personalreich, bemüht unauffällig aber wenig herzlich. Das Publikum genießt nach Kräften die Illusion, endlich mal für ein paar Stunden ganz Mittelpunkt zu sein. Zweifellos tafelt hier auch reichlich Personal für psychosoziale Doktorarbeiten, möglicher Titel: 'Die Gefallsucht des modernen Menschen', 'Der Krustentierkomplex' oder 'Vom Zwang zum Crémant'. Wieder einmal ist die Realität weiter als jede Satire. Doch auf mich hört ja wieder keiner. Zurück zum Thema: das Essen ist gut, freilich ohne Höhepunkte, die Menupreise (130 unter der Woche, ansonsten 180, 310) noch erträglich, aber zusammen mit den schmerzhaft teuren Weinen, Bränden und Kaffee wirds leicht ruinös - für ein paar Stunden bourgeoises Theater ein hoher Einsatz. Im direkten Dunstkreis der Riquewihrer Romantikzone dennoch ohne ernsthafte Konkurrenz. Täglich geöffnet, Tel. 89.47.92.28.

- Gleich nebenan ein modernes, komfortables Hotel mit 27 Zimmern (300 - 510 FF), Tel. 89.49.01.11, Fax 89.47.95.88.

■ Riquewihr ist Sitz bekannter Weingüter wie *Dopff au Moulin* (70 ha), *Dopff et Irion* (27 ha plus beachtl. Ankäufe), *Mittnacht-Klack* (9 ha) und *Hugel et fils*, die sich nicht nur die Reblage bezahlen lassen. *Hugel* (innerhalb der Stadtmauer, gut ausgeschilderte Probierstube): 23 ha Reben, zusätzlich kaufen sie noch beachtliche Mengen von 250 Winzern zu. Ordentliche, nicht allzu alkoholreiche Weine - alle Preise mit Romantikzuschlag (einfache Weine ab 34 FF, ältere Spätlesen und Selections bis 519 FF).

Ribeauvillé

(Rappoltsweiler), 4900 Ew., 5 km nördlich von Riquewihr, 15 km südlich Sélestat, am Ausgang des kleinen Strengbach-Tales. Das Städtchen mit den drei Burgen: *Hoh-Rappoltstein, Girsberg* und *St. Ulrich*, Besitz der Herren von Rappoltstein. Etwas weniger aggressiv angebotener Touristentand als im nahen Riquewihr, aber immer noch ausreichend dekoriert, mit *quartier pittoresque*, allzeit gut besucht. Entlang der Kugelhupfpiste Grand'Rue, die in Längsrichtung durch den Ort führt, spielt sich das meiste ab, der Metzgerturm (13. und 16. Jh.) beim Rathausplatz trennt die Unter- von der Oberstadt.

■ Gleich zu Anfang der Grand Rue steht die um 1400 erbaute Bilderbuch-*Wistub zum Pfifferhüs*. Wer an dieser Stelle den üblichen Elsaß-Schmand erwartet, wird angenehm überrascht: das Pifferhaus ist eine stilvolle und angenehme kleine

Einkehr (nur 8 Tische) und deshalb rasch voll. Die Besitzer haben Geschmack, das Auge kommt zur Ruhe: die alte, dunkle Holzvertäfelung wurde schlicht erhalten und der Blumenschmuck freut - in welchem Gasthaus blühen Apfelbaumzweige im Frühjahr? Die Küche entspricht dem optischen Niveau leider nicht ganz, die Riesling-Sauce am poulet ruht wie überall sahneschwer auf dem Porzellan und der vielgelobte Gänseliesl-Salat haut auch niemanden vom Hocker. Dafür ist die Bedienung ausgesprochen nett. In Ribeauvillé finden Sie garantiert kein netteres Gasthaus. Achtung Hunde und Raucher - beide müssen draußen warten! Keine Tagesmenus, nur Tages-Spezialitäten (60 - 90 FF). 14, Grand'Rue, RT Mi, Do, Ferien vom 23.12. - 5.1. und vom 15.2. - 15. März. Unbedingt reservieren, Tel. 89.73.62.28.

Das Pfifferhüs war der Sitz der *Pfiffer*, so hießen die mittelalterlichen Musikanten, Spielleute und das fahrende Volk. Die Grafen von Rappoltstein waren die Schutzherren der Pfeifer, die hier alljährlich ihren Pfeiferkönig wählten.

■ Ein paar Häuser weiter auf der gleichen Seite: *L'Arbalète* (50, Grand Rue, Mo geschlossen), mäßige Küche. Die hellgelackten Holzstühle lassen gleich auf Pizzeria schließen und die gibts - erste Warnung - in 30 Variationen. Ansonsten stehen vier Menus zur Auswahl, ab 95 FF. Kein Tagesteller oder -menü! Für das Preisniveau bietet die Küche zu wenig. Wer sich mit einem Flammkuchen davonstehlen will, wird bestraft - wie so oft ist er zu waschlappig und liegt zu allem Überdruß auch noch regungslos im Ranzen.

ACHTUNG FOLKLORE: **Am ersten Septembersonntag**, am Pfifferday, findet in Ribeauvillé das größte historische Fest im gesamten Elsaß statt, ein großer mittelalterlicher Modenschau-Umzug mit Gratiswein am Brunnen vor dem *Hotel de Ville*.

Ziele um Ribeauvillé

■ S t o f f e : Außerhalb von Ribeauvillé (an der Straße nach St.- Marie-aux-Mines) die alte Stoffabrik *Manufacture d'impression sur étoffes*. Wer die bukolisch üppigen elsässer Muster der Tischdecken und Servietten mag, wird hier sicherlich fündig - zu günstigen Preisen. 19, route des Sainte-Marie-aux-Mines, Ladenöffnungszeiten: tägl. außer Sa u. So von 8 - 11.45 Uhr u. von 14 - 17.45 Uhr.

■ Der klassische vielbegangene W a n d e r w e g *Trois Châteaux* führt zu den drei Burgen über der Stadt, die von den verschiedenen Zweigen der Adelsfamilie der Rappoltstein bewohnt wurden: Vom Place de la République am oberen Westende von Ribeauvillé (gleich rechts vom rosa Restaurant Aux Trois Châteaux) geht es durch die Reben hinauf zu den Ruinen der *Ulrichsburg* aus dem 12. Jh. mit dem z.T. erhaltenen Rittersaal (rotes Rechteck, 30 Min). Von hier ist es ein 5 min.-Kurzausflug auf den steilen Felsen mit der Ruine *Girsberg*. Weiter gehts im Zickzack hinauf zur Ruine *Hohrappoltstein* (642 m) mit schöner Sicht auf die Hohkönigsburg.

Der Rückweg ist möglich über das im engen Wurm-Tal gelegene Kloster von Dusenbach. Von hier führt ein beliebter Spazierweg, der *Maria-Raydt-Weg*, (blaues Dreieck) in 30 Min nach Ribeauvillé zurück. Insges. ca. 2 h.

■ Auf die F e r m e , ideal als Flucht aus der Höhle des Löwen, 4 km außerhalb in Richtung 'Gare' liegt die *Ferme l'Hirondelle* (ehemals: Hodler ferme). Eine große, nicht besonders reizvoll gelegene Milchfarm (insg. 90 ha) mit 220 Milchkühen, 150 Rinder und Zuchtkälbern. Im modernen Bauernladen gibts Milch, Yoghurt, Quark, Butter, Rahm und verschiedene gute Käse, allerdings kein Rohmilchkäse. Die Betreiber sind Holländer, deshalb gibts hier frz. Gouda, Emmentaler und Ribeaupierre, eine Art Tilsiter. Halb so teuer wie in Deutschland und doppelt so gut! Im Laden ein paar Sitzgelegenheiten für den kleinen Imbiß, für die sonnigen Stunden ein Picknickgelände vor der dem Laden - fast jeder

Wüstub vorzuziehen! L'Hirondelle, Ribeauvillé-Gare, Guémar, Tel. 89.73.62.32. Tägl. von 8 - 12, 14 - 19 Uhr geöffnet, Mo geschl., im Winter auch Sonntagmorgen.

Sony ist schon da

Und hier ganz in der Nähe, in *Guémar*, hat sich auch SONY niedergelassen. Der japanische High-Tech-Konzern kam 1986 in diese idyllische Ecke. Und er blieb nicht der einzige Japaner im Elsaß - das geographische Zentrum des ab 93 vereinten Wirtschaftsraumes der EG wird immer interessanter für die Unternehmen: RICOH ging nach Wettolsheim bei Colmar und SHARP entschied sich 1990 für Soultz (nordwestl. Mulhouse).

Beblenheim

Kleiner, im Vergleich mit dem prächtig dekorierten Riquewihr eher schlichter Weinort (3 km östl. Riquewihr).

■ Für große Kinder: Der Sandkasten der Elsässer und vereinzelt auch der Freiburger Demischischi-Szene: Künstler, Entourage und alle, die sich zugehörig fühlen, schwingen beim hühnerversessenen Robert Schuhmacher im *Basse Cour* die Tasse. Wo den Augen soviel Gutes widerfährt, ist das Essen eher unwichtig - und folgerichtig auch sehr mäßig, aber dafür sehr teuer, in der rue Jean Macé, Tel. 89.47.91.43.

Ostheim

11 km nördl. Colmar. An der Weinstraße, doch ohne Hanglage und Faßromantik schlicht und eben im Rheintal gelegen. Ostheim wurde im letzten Krieg völlig zerstört und in neuer, nüchterner Manier wieder aufgebaut. In der Ortsmitte eine der Adressen, die wohl irgendwann einmal den Ruf des Elsaß begründet haben:

- *Au Nid de Cigogne***. Wer nach Siebeck reist, wird sich hier über kurz oder lang einfinden müssen: Ein grundsolides, großes Haus, das auch mit hohem und stetem Andrang professionell fertig wird,ohne abzufertigen. Gleich am Eingang der einfache schlichte Gastraum, der uns am besten gefiel. Hier wird gelebt, also auch auch Zeitung gelesen, gekungelt und gejasst; daran schließen sich verschiedene, unterschiedlich eingerichtete Räumlichkeiten von der intimen Holzstube bis zum festlichen Speisesaal an. Der große Durchsatz schadet weder dem Gast noch dem Ambiente. Im Gegenteil, die Bedienung ist auch unter Streß äußerst aufmerksam. Man merkt den engagierten Familienbetrieb, der alles im Blick hat - die Kommandozentrale liegt strategisch günstig direkt neben dem Thresen. Einen Wunsch haben sich die offensichtlich sehr geselligen Wirtsleute erfüllt: ein offenes Büro zwischen den Gasträumen, die meiste Zeit ist es vom großen Hund besetzt.

Die Küche ist ordentlich, mit leichtem Hang zum derb Sättigenden. Am zuverlässigsten die Standards, Ambitioniertes, das nach subtiler Zubereitung verlangt, dürfte eher enttäuschen. Die Rechnung erfreut, sie liegt eindeutig unter den Preisen vergleichbarer Restaurants in der Umgebung. Das gilt auch für den Wein, dabei ist die Weinkarte fast schon beängstigend lang. Ungewöhnlich ist auch das Ausmaß der Fischsuppe: Sie wird literweise aufgetragen (jawoll, Kübelweise), dazu *rouille,* Toast und Käse. Ein ganzer Eimer kostet unwesentlich mehr als die daneben eher bescheiden wirkende Anrichtung der *crudité*. Im Sommer stehen draußen an der Straße und am Platz noch ein paar Tische. Ein Hauch vom Elsaß - wie es nie mehr sein wird.

Au Nid de Cigogne**, 2, Route de Colmar, Tel. 89.47.91.44, Fax 89.47.99.88. Soabends, Mo und vom 12. Feb. - 25. März geschlossen. 49 Zimmer (Logis de France), Menu 60 - 170 FF.

Bergheim

9 km südl. Sélestat. Ein kleines (1700 Ew.), zurückhaltend dekoriertes Winzerdorf mit hübschem, kleinen Ortskern und außergewöhnlich gut erhaltenen Mauern und Türmen der alten Befestigungen. Gut gehalten hat sich auch die Linde vor dem Obertor, sie stammt aus der Stauferzeit und ist über 700 Jahr alt.

Bergheims Bürger wurden früher *Dodschläger* genannt, nicht etwa, weil es so viele Kriminelle gab. Der Grund war ein Erlaß des ausgewiesen streitsüchtigen König Wenzel, der bekannt dafür war, daß er nur im Zustand von Jähzorn oder Suff Gesetze erließ - eine Praxis, die bekanntlich noch heute Konjunktur hat. Jedenfalls soll dieser Fetzenschädel während eines seiner unkontrollierten Anfälle verfügt haben, daß Totschläger und Zahlungsunwillige innerhalb der Bergheimer Mauern 100 Jahre und einen Tag Asylrecht genießen!

■ *Winstub du Sommelier*, innerhalb der Stadtmauer an der Hauptstraße von Bergheim, im oberen Ortsteil. In den beiden sympathisch schlichten Gasträumen geht's vor allem mal um Wein, denn Jean-Marie Stoeckel, der Besitzer der Winstub, hatte eine schwere Jugend: 1972 wurde er zum besten Sommelier Frankreichs gewählt. Er beriet, entkorkte und dekantierte in den renommiertesten Feinschmeckerrestaurants des Elsaß, im Krokodil in Straßburg und in der Auberge de l'Ill. Jahrelang hat er also versucht, einfachen Renommiertrinkern so unendlich schwierige Dinge wie Jahrgangsbewußtsein beizubringen, ganz zu schweigen von der schier unlösbaren Aufgabe, kugelbäuchige Zigarrenraucher über Veilchenaromen und Waldbodengout aufzuklären. Wer jahrelang über Lehm- und Kalkböden referiert und dann "egal, noch 'ne Pulle" hört, braucht einen robusten Humor. Und eben diese einfache, unschuldige Heiterkeit des Weinschwärmers vermissen wir bei Herrn Stoeckel dann doch etwas, muß Wein denn miesepetrig stimmen? Dabei böte ihm seine glänzend eingeführte, gut besuchte und oft gelobte Wistub in Bergheim allen Grund zur Freude. Aber Stoeckel verwaltet seine

Bestände mit einer fast schon schweizerischen Genauigkeit und an manchen Tagen mitbeachtlicher Freudlosigkeit. Hoffentlich kommen auch wieder die Tage, an denen am schönen, großen Kachelofen lauthals gelacht wird!

Erfreulich viele Weine werden glasweis (allerdings durchweg recht hochpreisig) ausgeschenkt, das Weinbuch listet zusätzlich noch seitenweise auf: allein an die 70 verschiedene elsässische Weine, natürlich auch noch ein großes Angebot aus anderen französischen Gegenden. Wer tiefer in die Jahrgänge gehen möchte: im wohltemperierten alten Weinschrank hinter dem Thresen ruht eine gepflegte Auswahl.

Die Speisekarte ist klein und klug: Zwiebelkuchen, Pilzpastete, Preßkopf, die Standards und die wechselnde Tagesgerichte stehen auf der Tafel hinter dem Tresen. Die Küche ist im Ganzen gesehen ganz ordentlich, allerdings mit einigen unverständlichen Schwächen, wie das sahnetriefende Kartoffelgratin und die Karikatur einer Daube (Schmorbraten), die Sauerkrautgerichte kommen ordentlich auf den Tisch. Die Preise sind gerade noch akzeptabel (Menu 120 - 200 FF), wobei der Wein (Flaschenweine ab 40 Mark, offener ab 7 Mark/Viertel) für eine Wistub nicht sonderlich günstig angeboten wird. 51, Grand-Rue, Ruhetag So u. Mo, mittags ab 12 Uhr, abends von 18.45 bis 21 Uhr, Tel. 89.73.69.99.

Freizeitparks gab es schon lange vor Rust: Von St. Hippolyte kurvt eine Stop-and-Go-Straße hinauf zur *Hohkönigsburg* (726 m), ein mittelalterliches Phantasia-Land: 1635 von den Schweden zerstört. Kaiser Wilhelm ließ sich 1899 die Ruine schenken und baute sie in 8 Jahren wieder auf, und zwar so, wie sich der Kaiser eine mittelalterliche Burg eben so vorstellt. Nur ein paar Buckelquader sind echt, aber die Zahl der Besucher gibt ihm recht!

Kintzheim

(das ohne *e*) liegt 5 km südwestl. Sélestat, ganz in der Nähe der *Haut-Koenigsbourg* und den dazugehörenden Tierparks mit Geiern, Adlern und den 300 Berberaffen. Der Ort wirkt sauber ausgebeselt und wartet auf alle, die vom Berg runterkommen. Kintzheims Lage ist nicht mehr ganz so romantisch wie in der Zone um Riquewihr, das Kopfsteinpflaster fehlt über weite Strecken, die Verpollerung hat jedoch schon angefangen.

■ Ohne den Nepp im Nacken essen Sie in der *Auberge Saint Martin*, ein bescheidenes Wunder im Gasthaus-Rummel. Ordentliche Küche zu annehmbaren Preisen (taglich wechselndes Mittagsmenu zu 68 FF). Für die Ausgehungerten unter uns gibts täglich auch Baeckeoffa aus dem großen Steinguttopf - der dominante Sättigungsanteil, bestehend aus Kartoffeln wurde beim letzten Siebeck-Besuch sicher zugunsten Schwein, Lamm und Kalb variiert. Am Wochenende kommt abends knusprige tarte flambée aus dem Holzofen. Bitte keine nostalgischen Träume: der große Gastraum ist schlicht gehalten und der verglaste Wintergarten bietet einen umfassenden Blick - auf den hauseigenen Parkplatz. Daß die Auberge immer gut besucht ist, auch außerhalb der Saison, spricht gegen die Restaurants der Umgebung. Für gute Stimmung sorgen die netten Mädels und Madame, die immer zu Scherzen aufgelegt ist. 80, rue de la Liberté, Ruhetag: Mi u. Do-mittag. Reservierung (speziell abends) ratsam: Tel. 88.82.04.78.

■ Täglich tarte flambée: *Aux deux Clefs*, Gasthaus mit Zimmer (220 FF), außer Mo u. Di , Menu 72 - 148, außer den tartes nichts besonders empfehlenswert.

Im Elsaß produzieren ca. 9000 Winzer auf 13.500 Hektar jährlich um die 110 Millionen Liter Wein (hauptsächlich Weißweine) - mehr als die Hälfte der ausgeführten Menge kommt nach Deutschland.

Volle Kanne Öchsle

ELSÄSSER WEIN GEHT IN DIE VOLLEN. Körperreiche, dichte, hocharomatische (im Extremfall schon fast parfümiert wirkende) Weine sind ein Stolz der elsässer Winzer. Dieser üppige, fast schon etwas barocke Stil ist im südlichen noch stärker als im nördlichen Elsaß verbreitet.

Der aromareiche - aber immer durchgegorene, also trockene - elsässer Wein war während der süßen Welle in Deutschland sicherlich das kleinere Übel. Doch die Zeiten haben sich zum Glück geändert und heute gibt es gerade im benachbarten Südbaden eine große Auswahl an **vollständig durchgegorenen**, also restlos trockenen Weinen, die zudem leicht (also mit wenig Alkohol, d.h. bis 11 Grad) und mit ihrem natürlichen Säuregehalt ausgebaut werden. Gegen diese fruchtigen, frischen südbadischen Weißweine wirkt der traditionelle und so oft hochgelobte elsässer Weißwein heute doch recht breit und fett: häufig mit viel Alkohol (oft um 13 Grad) und wenig Säure.

■ Dies ist keine Lokalrivalität, sondern ein Hinweis zur grundsätzlichen Orientierung: Wer also leichte, elegante und fruchtige Weine sucht, kann sich die lange Sucherei im Elsaß sparen, er wird viel eher im benachbarten Südbaden und dort zudem noch preiswerter fündig. Wer dagegen dichte, aroma- und alkoholreiche Weißweine sucht, die - und dies ist ein leider wenig bekannter Trend der letzten Jahre - oft noch ein klein wenig Restsüße haben, kann sich ruhig im Elsaß umtun. Mit seiner Sorten- und Lagenvielfalt, die im Gegensatz zu anderen französischen Regionen auch im Keller separat ausgebaut wird, sowie mit den vielen erstklassigen privaten Anbietern, gehört das Elsaß zweifellos zu den Weißweinregionen überhaupt.

ABER VORSICHT: Beim Wein bekommen Wahrheit *und* Dichtung schnelle Zungen. Für den guten Ruf der elsässer Weine sorgt natürlich auch weiterhin ein Heer fest bestallter Weinjournalisten. Da wird genast, geschlürft und verkostet bis sich die Balken biegen, das Resultat der Schluck- und Spuck-Treffen beglückt uns und dann auf Hochglanz und in Form wolkiger Vergleiche, die mehr oder minder originell sein mögen, im Kern aber nur einem dienen: Dem Literaturbetrieb nicht unähnlich, soll das Karussell, auf dem sich Produzenten und Vermittler so wohl fühlen, in Schwung gehalten werden. Der gemeine Weintrinker fängt - ähnlich wie der gewöhnliche Leser - mit den zisilierten Hervorbringungen der Berufsschmecker wenig an. Ein Vokabular, das von der Borsäure über die unvermeidlichen Veilchen, vom Waldboden bis zum Schulranzen reicht, erweckt vielleicht da und dort Anerkennung und Ehrfurcht - wir meinen, es richtet sich in seiner Affektiertheit selbst.

Was uns interessiert, ist der sauber arbeitende Produzent, der aus gesundem Lesegut ohne Manipulationen einen sauberen, natürlichen Wein herstellt. Auf der Suche nach den letzten Erzeugern, die sich nicht laufend mit Künstlern verwechseln, sind wir ziemlich altmodisch. Solche aufrechten Leute können auf den Kaschmirjournalismus selbsternannter Weinkenner verzichten. Folglich gehört auch deren gesalbtes Geraschel renoviert.

- Am wichtigsten wären zunächst einmal die Angaben zu **Alkoholgrad, Restzuckergehalt** und **Säure**. Und gerade diese

- die einzigen einigermaßen objektiven - fehlen beim Lob der Poeten meistens. Alles andere - vom *blumigen Auftakt* bis zum *nachhaltigen Abgang* - ist Wagenschmiere, das Karussell muß sich drehen.

KOSTPROBEN: Ohne weitere Erklärung und in der Beliebigkeit fast schon amüsant, wird der bewährte Rosenkranz heruntergebetet, das kann ungefähr so klingen: Elsässer Weine schmecken *"fester und kerniger als deutsche, da sie, trocken ausgebaut, in der Regel einen höheren Alkoholgehalt aufweisen."* Weinkommentar Elsässer Rieslinge von Armin Diel & Joel Payne in 'Alles über Wein' Nr. 5/1991.

Was ist Trocken?

Daß sich bei 'lieblichen Weinen' jeder halbwegs ernsthafte Weintrinker gequält abwendet, weiß heute selbst Tante Luise aus Herne. Das ist auch unser Glück: die meisten Weine im Elsaß werden immer noch trocken im ursprünglichen Sinne des Wortes ausgebaut. Ausnahmen gibt es bei den Weinen, die von *Natur aus* soviel Zucker mitbringen, daß nicht aller davon zu Alkohol vergären kann oder muß, dies ist bei bei Auslesen (*Vendange Tardive*) und bei Weinen aus überreifen Trauben mit Edelfäule (*Sélection de Grains Nobles*) möglich und auch üblich. Diese 'natursüßen Weine' sind aber durchweg keine Konsumweine, die in großen Schlucken zum Essen getrunken werden. Sie gehören eher in die Kategorie Apéritiv, Begleitung zum (Käse)-Dessert, oder als eigenständiges Ereignis.

Trocken ausgebaut - das heißt, der Zucker im Most (sowohl der natürliche Traubenzucker, als auch der bei der Anreicherung, franz.: Chaptalisierung, evtl. zugesetzte Rohrzucker) wird vollständig (oder bis auf einen winzigen Rest, den sog. Restzucker) in Alkohol und entweichende Kohlensäure vergoren. Nach deutschem Weinrecht dürfen Weine bis zu 9 g/l Restzucker haben und als 'Trocken' bezeichnet werden, diese Grenze gilt unter allen Weinkennern als zu hoch, tatsächlich haben trockene, natürlich durchgegorene Weine kaum über 2 g/l. In seltenen Ausnahmen, wenn die Gärung etwas früh 'stehenblieb', auch mal bei 4 g/l. Entscheidend ist aber immer, ob dem Wein *nach* der Gärung irgend etwas Süßendes (meist in Form von unvergorenem Traubenmost) zugegeben wurde, denn dann wäre zu Recht von unnatürlicher, den Wein verfälschender Restsüße zu sprechen. Weil es im Elsaß früher immer und prinzipiell üblich war, Weine voll durchgären zu lassen, gibt es die im Deutschen eingeführten Grenzwerte in dieser Form in Frankreich nicht, sie waren garnicht erforderlich, weil eine nachträgliche Süßung mit Traubenmost undenkbar war, und weil ein eventuell verbleibender Rest natürlichen Traubenzuckers (um 2 g/l) eben noch keinen süßen Wein macht.

DIE NEUE ELSÄSSER SÜSSE: In letzter Zeit scheint sich im Elsaß aber ein Trend zum gemäßigten, versteckten, ein klein wenig süßen Wein zu entwickeln. Eine Absicht, die hinter dieser unseligen Entwicklung steckt, ist vermutlich die, einem immer üppiger, voller werdenden allgemeinen Geschmacksbild gerecht zu werden, wie es von ungeübten Weintrinkern, von abgestumpften Bier- und Pommeszungen oft erwartet wird. Da werden nun - im ehemaligen Kernland der trockenen Weißweine - einzelne Weine durch Stoppen der Gärung bzw. durch nachträgliche Zugabe von süßem Traubenmost etwas gesüßt, gerade soviel, daß der Wein bei Ungeübten noch als 'trocken' durchgeht - das ist natürlich eine Perversion des ursprünglichen Weingeschmacks, eine Täuschung des Konsumenten noch dazu, der sich ja im guten Glauben am Begriff 'Trocken' orientiert - aber es passiert nun auch im Elsaß, und zwar immer öfter. So vollzieht sich im Elsaß nun in sachtem Umfang eine Entwicklung, die zuvor schon den deutschen Wein in Verruf gebracht hat.

Genau anders die Entwicklung in Südbaden, wo tatsächlich trockene Weine immer mehr Marktanteile gewinnen, und wo die früher so verbreiteten - nachträglich mit Traubenmost gesüßten Weine - immer mehr in den verdienten Ruhestand abtreten.

Anreichern: Fluch oder Segen?

VOLLE KANNE ÖCHSLE: Daß elsässer Weine im allgemeinen einen höheren Alkoholgehalt aufweisen, haben wir bedauernd zur Kenntnis genommen. Im Elsaß ist ein Silvaner mit 12 - 13 Grad Alkohol keine Seltenheit, manche Weingüter bringen es beim Riesling sogar bis auf 13,5 - 14 Grad, obwohl der Wein von Natur aus, ohne Anreicherung, auf 10,5, 11 oder höchstens 12 Grad kommen würde. Und hier wird es interessant: Der hohe Alkoholanteil wird bei weitaus den meisten Weinen (praktisch allen im A.O.C. Bereich) durch **zusätzliche** Zuckerzugabe **vor** der Gärung (sog. *Chaptalisierung*) erreicht. Chaptalisierung (deutsch: Anreicherung) ist erlaubt und in ganz Frankreich durchaus üblich - sogar bei den *Grand Crus bis zu 2,5 Grad (s.u.)*.

Warum werden Weine angereichert? Alkohol ist (wie z.B. Zucker oder Fett) ein Geschmacksträger. Alkoholreiche Weine aus spät geernteten, oft überreifen Trauben trinken sich voll und üppig und wirken oft auf den "ersten Schluck" - sie brettern sofort. Zudem ist das Anreichern die einfachste und billigste Möglichkeit, aus flachem, belanglosem Most einen starken, üppigen Wein zu bereiten (analog zur Sahne, mit der in mancher Küche ja auch jede Banalität aufmontiert wird). Was auf der Strecke bleibt: Die frische, fruchtige Eleganz und Natürlichkeit, die naturbelassene, nicht angereicherte Weine auszeichnet. Unter Kennern ist unbestritten, daß Weine, vorausgesetzt sie stammen aus erstklassigem Lesegut, schon ab 10 Grad Alkoholgehalt und allemal um 11 Grad ganz vorzüglich munden, einmal abgesehen von der höheren Bekömmlichkeit leichter Weine. Das französische Weingesetz kennt keine spezielle Kennzeichnung für solche nicht angereicherten - im Wortsinne also naturreinen - Weine, in Deutschland dürfen Weine ab der Qualitätsstufe Kabinett und aufwärts (Spätlese, Auslese . . .) nicht angereichert werden. Nochmal ein kurzer Überblick:

- **Anreichern**, franz: Chaptalisieren: Im Elsaß erlaubt (auch bei *Grand Cru*) bis zu max. 2,5 Grad über den natürlichen Alkoholgehalt. In Deutschland erlaubt bei Qualitätsweinen, nicht erlaubt ab der Qualitätsstufe Kabinett und aufwärts (Spätlese, Auslese).

- **Grand Cru**: Sammelbezeichnung für über 50 besonders gute Einzellagen (zus. 1500 ha, bzw. 12 Prozent der elsässer Gesamtfläche). Nicht alle elsässer Winzer sind mit der Grand Cru-Regelung einverstanden, für manche ist sie bereits zu verwässert oder sie sehen darin ein Marketinginstrument, um teure 'Premium-Produkte' zu schaffen. Wie so oft: Die Akzeptanz der Regelung steigt mit der eigenen Beteiligung an den Grand Cru-Lagen.

- **Trocken**: Alle Elsässer Weine werden in der Regel trocken ausgebaut, das heißt, aller im Most vorhandene Zucker (natürlicher und evtl. zugesetzter, vgl. *Anreichern*) vergärt zu Alkohol und *nach* der Gärung wird nicht mehr gesüßt. Ausnahmen: *vendanges tardives* und *selectiones des grains nobles*, vgl. oben im Text. Trend im Elsaß: auch einfache A.O.C.-Weine werden mit leichter Restsüße (um 4 g/l) verkauft - früher undenkbar.

In Deutschland: Unter 9 g/l dürfen Weine auf dem Etikett als trocken bezeichnet werden, tatsächlich trockene Weine liegen um 2 g/l und darunter.

Biologischer Weinbau

Wer durch das elsässer Rebland fährt, das sich auf fast 100 Kilometern von Thann bei Mulhouse den Vogesen entlang bis in die Gegend von Marlenheim auf der Höhe Straßburgs zieht, wird wenig Zeichen des biologischen Weinbaus finden. Von dauernder Bodenbegrünung (in Südbaden mittlerweile die Regel) ist im Elsaß noch wenig zu sehen: Meist liegt der Boden in den Weinbergen offen, zerfurcht und immer wieder von Maschinen bearbeitet und aufgefräst. Statt natürlicher Humusbildung wird auf künstliche, schnellösliche Düngergaben gesetzt.

Die schnelle, wirtschaftliche und klar kalkulierbare Bewirtschaftung der Reben steht in der Regel immer noch vor umweltverträglichen Methoden.

Natürlich gibt es auch und gerade im Elsaß Betriebe, die verantwortlich, qualitätsbewußt und damit umweltgerecht arbeiten. Wer aber einen Blick für Reben (und nicht nur für Werbesprüche) hat, sollte sich auch einmal die riesigen Lagen nördlich von Colmar in der flachen Rheinebene ansehen. In mageren Kiesböden stehen hier kilometerweit Rebzeilen, maschinenbearbeitbar ausgerichtet. Das tief dunkelgrüne, stickstoffübersättigte Blattwerk spricht Bände: niemand wird hier Qualität ernten, die anfälligen Pflanzen müssen aber laufend gespritzt werden.

Auch die stets offenen Böden zeigen, daß der Herbizideinsatz (d.h. die Anwendung chem. Unkrautvernichtungsmittel) absolut üblich ist. Sogar das 'Unkraut' entlang der - wenigen noch vorhandenen - alten Trockenmauern wird angespritzt. Während allein in Südbaden mehr als hundert Winzer schon seit längerem biologisch anbauen und nun sogar einzelne Winzergenossenschaften mit dem separaten Ausbau biologischer Weine begonnen haben, gibt es im gesamten Elsaß bislang nur 4 Bio-Winzer, 15 Betriebe sind 'in Umstellung'.

Die vier Bios

Alle vier fahren eher auf der traditionellen, gehaltvollen Elsaß-Schiene: späte Lese, viel Alkohol. Von den beiden Weingütern Stentz und Frick gibts seit neuem auch einen Crémant. (vgl. auch im jeweiligen Ortstext).

- *Romantikfrei in Edelstahltanks:* **André Stentz** in Wettolsheim, 2, rue de la Batteuse, 68920 Wettolsheim, Tel. 89.80.64.91, Fax: 89.79.59.75.

- *In romantischen Holzfässern und sehr milde:* **Pierre Frick** in Pfaffenheim, 5, rue de Baer, 68250 Pfaffenheim, Tel. 89.49.62.99, Fax 89.49.73.78.

- *Kompromißlos, nur im Holzfaß und sehr gehaltvoll:* **Henri Bannwarth** in Rouffach. 68250 Rouffach, 10, rue Rettig, Tel. 89.49.62.54.

- *Kompromißlos hochprozentig:* **Eugène Meyer** in Bergholtz (nördl. Guebwiller). 21a, rue de Bergholtz-Zell, 68500 Bergholtz, Tel. 89.76.13.87.

■ Fazit: Klima und Böden sind links und rechts des Rheines gleichermaßen ideal für Weinbau im absoluten Spitzenbereich geeignet, besonders bei Weißweinen. Im Elsaß wird ein eher üppiges, barockes Geschmacksbild gepflegt, das - auch ungeübte Weintrinker - sofort beeindruckt.

In Südbaden ist zunehmend ein Ausbau zurückhaltender, frischer Weine üblich. Als Resultat entstehen elegante Weine, an die man sich oft erst etwas herantrinken muß. Wer fruchtigen, säurebetonten Wein aus möglichst umweltschonendem Anbau sucht, findet in Südbaden ungleich mehr und schneller zuverlässige Quellen als im Elsaß. Im Bereich der besseren Qualitäten sind die Preise in Südbaden fast durchweg (noch) etwas freundlicher als jene im Elsaß, das Klischee vom Weinparadies Elsaß wankt - wer widerspricht, dem wird die Zunge geschabt. Nochmals, und im Ernst: unsere Weinurteile haben nichts mit Lokalpatriotismus zu tun, die Bemerkungen sind Resultat von jahrelangem Beobachten, Vergleichen und stetem Trinken!

Weinsprache

Auf dem Etikette: Am größten der Name der **Rebsorte**, kleiner der Name der **Produzenten, Jahrgang, Ort**.

Noch um 1900 gab es nur zwei Sorten elsässer Weine, edel und nicht edle: Der *Zwicker* (zwicken = mischen), ein Gemisch aus verschiedenen Sorten, und der *Edelzwicker*, ein Verschnitt aus den edlen Rebsorten. Heute bestimmen 7 Traubensorten das

Sortenspektrum: *Sylvaner, Pinot Blanc, Riesling, Muscat, Pinot Gris, Gewürztraminer.* Die letzten 4 gelten als Edelsorten.

1962 wurde die **AOC** (= Appellation d'Origine Controlée) aufs Elsaß ausgedehnt. Mengenbegrenzung: 80 Hektoliter Wein pro Hektar Reben. Ausnahme sind die **Grand Crus**: Vor 1975 gab es nur wenige Elsässer Weine, die nicht nach ihrer Rebsorte, sondern nach ihrer **Lage** benannt wurden: z.B. Thanner *'Rangen'*, *'Kaefferkopf'* von Ammerschwihr, Bergheimer 'Kantzlerberg'.

1975 wurden zuerst 30, inzwischen 50 'besonders gute Lagen' festgelegt (für die nur die 4 edlen Rebsorten zugelassen sind) - heute beträgt der Anteil der Grand-Cru-Lagen am Gesamt-Rebenland 12 %, oder etwa 1500 ha.

Alle Grand Crus müssen die Angabe des Jahrgangs tragen und aus dem streng begrenzten Rebberg stammen. Weitere Bedingungen: Riesling und Muscat müssen im frisch geernteten Most genug Traubenzucker (gemessen in Grad Oechsle) für 11 Grad Alkohol, Gewürztraminer und Pinot Gris sogar Oechslewerte für 12 Grad Alkohol aufweisen. Also wieder eine Keule gegen die Liebhaber leichter Weine. Das Chaptalisieren ist nicht verboten, unter gewissen Umständen (was auch immer das heißen mag) ist es erlaubt, den Alkoholgehalt um bis zu 2,5 Grad zu erhöhen, so wird dann durch die sagenhafte "elsässer Sunne", aus ohnehin schon satten 12 Grad oft noch 13,5 Grad Alkohol in den Wein hinein fabriziert.

Aber es gibt auch sinnvolle Bestimmungen: in Grand Cru-Lagen darf der Ertrag 65 Hektoliter pro ha nicht übersteigen (Höchstertrag in Deutschland 90 hl, wird aber von Qualitätsweingütern weit unterschritten. Im Elsaß hat die Ertragsbegrenzung die Folge, daß ungefähr die Hälfte der Winzer mit Grand Cru-Lagen auf diese Auszeichnung verzichten und ihre Weine unter der einfachen elsäss. Ursprungsbezeichnung AOC verkaufen - da sind dann 80 Hektoliter pro ha erlaubt. Und die Menge machts eben immer noch! Zudem sind manche Winzer der Ansicht, daß bei der Festlegung der Grand Crus-Regionen die Großen zuviel zu sagen hatten und vorwiegend ihre eigenen Gebiete zum Grand Cru erklärt wurden.

Außerdem ist eine Überprüfung der Ertragseinhaltung nicht so einfach möglich - das Etikett hilft auch nicht weiter. Hingehen und Probieren ...

Der neue Etiketten-Trend: Sowohl badische als auch Elsässer Winzer werden amerikanisch und kleben ein kleines Etikett auf den Rücken, das uns sagt, ob der edle Tropfen auch ideal zum Spiegelei paßt oder nicht. Großer Winzer wir danken Dir.

Sorten

Sortenreiner Wein, also Wein, der aus nur einer einzigen Traubensorte gewonnen wird, ist im Elsaß wie im deutschen Weinbau die Regel, international aber eher die Ausnahme. Diese Sonderstellung führt zu einer Angebotsvielfalt, speziell bei Weißweinen, die einzig sein dürfte. Es lohnt sich deshalb, den Charakter der einzelnen Sorten etwas genauer kennenzulernen. Typische Sorten der Region und ihre Eigenheiten:

- *Sylvaner*, Silvanertrauben liefern einen feinfruchtigen, leichten Wein, der ähnliches Mostgewicht, aber üblicherweise nicht so viel Säure und Duft hat wie der Riesling. Mit seinem zurückhaltenden, fast neutralen Geschmack, ist ein leicht ausgebauter Silvaner ein idealer Alltagswein.

- Achtung *Edelzwicker:* Grundsätzlich gilt, daß gerade der leichte, bisweilen auch elegante Charakter der einfacheren Weißweine nicht durch Verbesserung auf Alkoholwerte über 11 oder gar auf über 12 Vol % (wie im Elsaß durchaus üblich) verdorben werden sollte. Das gilt auch für Verschnitte (Mischungen) wie den *Edelzwicker*, der leider oft recht alkoholreich ausgebaut wird.

- *Riesling* - auf ca. 25 % der Rebfläche wird die alles dominierende elsässer Charaktersorte angebaut. Ein Wein, dem der gesamte elsässer Weißwein seinen Ruf verdankt. Wobei ein elsässer Riesling keinesfalls mit seinem südbadischen Bruder zu vergleichen ist. Elsässer Riesling wirkt oft blumig, bukettreich, im ungünstigen (und leider nicht seltenen) Fall aber auch üppig und fett und etwas an badischen Müller-Thurgau erinnernd. Am Riesling scheiden sich die Geschmäcker, wer den Elsässer mag, wird deutschen kaum mögen - und umgekehrt.

Wichtig: Gerade beim Riesling lohnt es sich, auf absolute Qualität zu achten, mittelmäßiger Riesling aus Allerweltslagen, die auf Ertrag geschnitten wurden, ist oft eine Enttäuschung. Wer sparen möchte, sollte alles, aber keinen Riesling kaufen.

- *Pinot, Burgunder Sorten*: Burgunder gelten als Edelsorten, sie bringen hohe Mostgewichte und feine Säure und (nur im besten Fall) ein immer noch relativ zurückhaltendes Bukett. Elegant und fruchtig wird am ehesten der *Pinot blanc*, (= Weißburgunder). Ein idealer Wein zu feinen Fischgerichten, zu Spargel oder anderen leichten Speisen. Wegen der Riesling- und Gewürztraminer-Fixierung rangiert der Pinot Blanc im Elsaß (ganz anders als in Baden) aber nicht unter den hochgeschätzten Weinen.

Der *Pinot gris* (= Grauburgunder *oder* Ruländer) hat ein volleres, wuchtigeres Bukett als die Weißburgunder und wird, zumal bei später Ernte, leicht zu einem mächtigen Hammer, also sicher kein leichter Alltagswein. *Pinot noir* , vgl. unten unter Rotwein.

- *Gewürztraminer* (kurz: *Gwürtz*), eine els. Spezialität wie der Riesling - der aromareiche, oft schwere Gwürtz läßt Freunde leichter Weine erschaudern. Da sich viele Winzer am vermeintlichen Geschmack ihrer Kundschaft orientieren, wird Gwürtz oft üppig und sehr alkoholreich ausgebaut und drängt sogar noch die fette Gänseleberpastete in den Hintergrund. Späte Lese, langes Eichenfaßlager, oft noch verbunden mit Restzucker - ein schweres Geschütz. Würde er so ausgebaut wie ihn die Winzer selbst gerne hätten, gäbe es einen schlankeren, fruchtigen Wein, mit höchstens 12 Grad Alkohol. Ganz jung, in den ersten zwei Jahren getrunken, eine schöne Abwechslung.

- *Pinot noir*, (= Spätburgunder Rotwein): Gute Spätburgunder Rotweine werden im Elsaß nur in relativ kleinem Umfang angebaut. Ein Grund ist natürlich die starke nationale Konkurrenz - gerade bei den Rotweinen. Spätburgunder zählen mit ihrem vollen Burgunderton, der an Brombeeren erinnert, mit einem durchaus erwünschten herben Gerbstoffton und ihrer funkelnd tiefroten Farbe zu den kostbarsten Weinen überhaupt. Die blauen Spätburgunderreben brauchen allerdings sehr gute Lagen und einen sachkundigen Ausbau, um beste Ergebnisse zu liefern. Mittlere Qualitäten enttäuschen oft.

Crémant

Crémant*s*, *Winzersekte* werden zwar nach dem traditionellen *Champagnerverfahren* hergestellt - sind aber um gut die Hälfte billiger als das Edelprodukt aus der Champagne: Der Ausgangsmost (wichtig für gute Qualität: frühe Lese, um hohe Säurewerte zu erhalten, großzügiges Aussondern von faulem Lesegut) - wird zunächst vergoren wie jeder andere Wein auch. Der so entstandene Grundwein wird auf Flaschen gefüllt und nach Zusatz von Zucker und Hefe zu einer zweiten Gärung auf der provisorisch verschlossenen Flasche gebracht. Bei dieser zweiten Gärung (*Flaschengärung*) entsteht Kohlensäure, die nicht entweichen kann, sie gibt dem Wein sein späteres Mousseux. Nach Abschluß der 2. Gärung ruht die Flasche lange (über 12 Monate), um eine innige Bindung von Kohlensäure und Wein, sowie ein differenziertes Hefebukett zu erreichen.

Nach diesem Flaschenlager wird die Hefe durch ein Drehen und zunehmendes Kippen der Flaschen (das Rütteln, dauert mehrere Wochen) auf speziellen Pulten langsam in den Flaschenhals manövriert. Danach wird die im Flaschenhals versammelte Hefe durch Einfrieren oder kurzes Öffnen unter Druck entfernt (*Degorgieren*). Sodann wird die fehlende Flüssigkeit durch (mehr oder minder) süße *Dosage* oder reinen

Sekt (bei ganz trockenen Qualitäten) ersetzt und die Flasche dann endgültig verkorkt.

Den elsässer Schaumwein gibt's - mit zarten Anfängen - seit 1900, aber erst nach einem wahren Boom in den 80er Jahren wurde die jetzige, enorm hohe Zahl von 400 Herstellern erreicht. Bei der Durchsetzung des Crémant taucht immer wieder ein Name auf: *Wolfberger*, unter diesem Markennamen (und mit gewaltigem Werbebudget) vermarkten die Genossenschaften von Eguisheim, Dambach-la-Ville und Wuenheim - mit zusammen 750 Mitgliedern und über 1.000 ha Fläche mit Abstand die größten im Elsaß - Wein und Crémant mit internationalem Erfolg.

Für die Crémant d'Alsace-Herstellung sind fünf Rebsorten zugelassen: Pinot Blanc, Pinot Noir, Riesling, Pinot Gris und Chardonnay. Am häufigsten wird Pinot Blanc verwendet. Für alle Rebsorten gilt eine Ertragsbeschränkung von 80 Hl/ha.

■ Der einzige Winzer im Elsaß, der ausschließlich Crémant erzeugt: **Jean-Claude Buecher**, *Wettolsheim.* 4 ha Rebfläche. 2/3 Pinot-Blanc (Weißburgunder) und 1/3 Pinot Noir (Spätburgunder Rotwein). Ausbau in Edelstahlfässern.

■ Im gleichen Ort ganz in der Nähe der biologische Crémant-Erzeuger **André Stenz** (s. oben). Guter bouqettreicher Crémant, leider aus recht spät geerntetem Wein und daher alkoholreich (12,5 Grad, 1990).

Literatur

Alles und Nichts:

"Die Elsässer blicken auf eine lange gastronomische Tradition zurück. Herzhafte, aber sorgfältig zubereitete regionale Spezialitäten sind ihnen ebenso geläufig wie die jeweils neuesten Errungenschaften der 'grande cuisine', sie begegnen der Feinschmeckerei mit der entspannten Selbstverständlichkeit, die uns so lange vorenthalten war. Und sie erwerben häufig schon in frühem Kindesalter beachtliche Detailkenntnisse."

Zitat aus dem Vorwort zur 3. Auflage 1990 von '**Elsässer Restaurants. Die 100 Besten.**' Verlag und Druckerei Meininger GmbH. Das Buch kennt außer den '100 Besten' noch folgende 6 Rubriken und liefert zu jeder davon erstaunlich viel Adressen: Die elsässischen Spitzenrestaurants (22); Gehobene Speiserestaurants (58); Spezialitäten-Restaurants (57); typische Elsässer Lokale (21); Empfehlenswerte Weinstuben im Elsaß (51). Mehrfachnennungen sind natürlich darunter, außerdem reicht das Geltungsgebiet über das gesamte Elsaß. Die Fülle der Empfehlungen läßt einen dennoch erblassen, anders herum: Wer allen etwas geben möchte ... Bebildert ist das Werk auch, ein heiterer Reigen von: Restaurantfassaden, hübsch eingedeckten Tischen, frisch frisierten Köchen, üppigen Platten, satten Gästen, und als Dessert sich zuprostende, feiste Trinker. Fazit: Das ganze Elsaß ist ein Fest. Ratlos und lieb wie die Werbung der badischen Winzergenossenschaften.

Ganz ohne Fotos, nur beinharter Text: "900 Adressen - gute, weniger gute und wunderbare - in Frankreichs gastronomischer Gegend Nummer Eins." **Der Pudlowski Führer** 'Das Elsaß für Feinschmecker' (Edition Trajectoire) ist zwar so fürchterlich verquer ins Deutsche übersetzt, daß die Rabulistik fast schon wieder amüsant wirkt. Mit ein wenig Kombinationsgabe versteht aber jeder, um was es geht. Manche Adressen sind wirklich gut, manche weniger gut, manche restlos überflüssig und manche auch wunderbar - aber leider gibt es im

Text keine Anhaltspunkte für uns Perlenfischer. So muß man sich durch einen Wust von Zufälligkeiten nagen, für Leute ohne Spesenkonto eine mühsame Aufgabe. Und Schulaufgaben mögen wir doch alle nicht mehr absolvieren. Beim Nächsten Mal bitte etwas mehr Mut zum schlanken Buch!

Eines verbindet Herrn Pudlowski mit der Über-Zunge **Wolfram Siebeck:** Beide wissen, daß Kritik zum Gegenstand gehört, zweite Gemeinsamkeit: Scheu vor der Öffentlichkeit wird man beiden nicht unterstellen dürfen, das Foto ist immer dabei. Das hat für die besuchten Wirte zweifellos den Vorteil, daß die Herren nicht mit dahergelaufenen Touristen - wie du und ich - verwechselt werden. Aber Kleinigkeiten beiseite: Wolfram Siebeck hat sich im Falle Elsaß auf Weinstuben eingetrunken und das war schon einmal eine strategisch kluge Entscheidung. Denn so blieb ihm manch leidvoller Abend ebenso erspart wie die beklemmende Enge, die von endlosen Menüs ausgeht. Der Untersuchungsraum beschränkt sich auf die touristenfreundliche Zone zwischen Straßburg und Mulhouse, der Gegenstand auf "wahre Perlen einer regionalen Küche, die deren weltweit guten Ruf noch übertreffen. Nach dem Motto 'Im Einfachen liegt die Raffinesse' werden hier Zwiebelkuchen, Baeckeoffe, Deftiges vom Schwein oder das traditionelle Sauerkraut in einer Qualität serviert, die jeden Gourmet erfreut." Nun denn, der Klappentext verdankt seine Dynamik vermutlich einer (hochchaptalisierten) Flasche Edelzwicker, doch unter den traditionellen Häusern traf Siebeck - unter kundiger Führung seines elsässer Pfadfinders Raymond E. Waydelich, dem er sein Werk widmet - eine durchweg solide Auswahl: 33 mal Weinstubencharme, mehr gibt das Elsaß in dieser Kategorie wirklich nicht her. Als Extra für die Selbstkocher oder notorischen Kochbuchsammler: 40 typische Rezepte anhand derer "jeder zuhause nachvollziehen kann, daß die bürgerlich-elsässische Küche mit Recht als delikate Vorstufe zur subtilen Haute Cuisine gelten darf." 160 Farbfotos vom sehr ordentlich frisierten Elsaß sorgen dafür, daß das Buch auch nicht zu dünn daherkommt. 'Die Weinstuben des Elsaß', Heyne Verlag.

Merian bietet einen **dtv-Reiseführer** zum Elsaß. Hier finden Sie außer den allbekannten Standard-Gastro-Adressen noch das üblich Wissenswerte zu Geschichte, Kirchen, Museen und allgemeine Informationen für das gesamte Elsaß. Alles gut ausgewogen und abgehangen.

Das **Merian-Heft** (vom Oktober 91) gibt sich von außen ganz frech mit einem Tomi Ungerer-Bild, doch innen wird's, wieder einmal, ganz rasch seicht. Professionell gebügelte Optik, dazu arg konventionelle Themen, konventionell abgewickelt - Wartezimmerprose von Schongauer bis zum "ditschfrànzeesche Migges". Für Leute, die sich für die üblichen Themen interessieren, dennoch ein guter Einstieg.

Fermes

Guide des Fermes Auberges der *Assoc. des Fermes Auberges*, Colmar, 65 fermes in den Hochvogesen sind hier übersichtlich gelistet, und mit Anfahrt und Öffnungszeiten beschrieben, und sogar bunt abgebildet. (Auf deutsch und französisch, im Buchhandel um Freiburg und im Elsaß erhältlich; oder direkt beim Verband: Assoc. des Fermes Auberges du Haut-Rhin, BP 371, F-68007 Colmar Cedex, Tel. 89.23.21.11)

Eine ziemlich vollständige Übersicht über die 60 Fermes in den Vogesen gibt die Broschüre: *Bauern- und Berggasthöfe in den Vogesen*, Michèle Sturm, Verlag der DNA, bei uns auch auf deutsch erhältlich, 12,80 Mark. Mit Angaben zur Geschichte der Häuser, Anfahrt, Angebot, Öffnungszeiten.

Die schönsten Märkte

- **Mulhouse** (*canal couvert* beschildert)
Der große Markt mit Markthalle am *Canal Couvert* (am größten am Sa; Di u. Do mit deutlich eingeschränktem Angebot - ohne Fisch und die kleineren Käseanbieter)

- **Riedisheim** (bei Mulhouse, jeden Mittwoch, Schildern *centre culturel* folgen).

- **Wattwiller** *(Do)*

- **Altkirch** (Sa) in der Oberstadt, auf der *place de la Halle au Blé*, ein reiner Bauernmarkt.

- **Colmar**, samstags auf dem *Josephsplatz* - rund um die Josephskirche (nordwestl. Bahnhof, Richtung Ingersheim)
Am Do Markt in der Stadt auf der Place aux fruits und in der Markthalle

- **Guebwiller** (Di) am pl. du marché, Fr am Pl. du Liberté. Höhepunkt der Käsewagen von Jacky Quesnot.

- **Villé** (Mi), mit Bio-Angebot der Ferme Humbert (Urbeis)

- **Sélestat:** jeden Dienstagvormittag in der Altstadt der größte Straßenmarkt im ganzen Elsaß, neben dem Eßangebot sehr viel Kleider

Der Sternenhimmel über dem südlichen Elsaß

Jeder sollte wissen, wo es ihm schmecken muß. Damit auch die Rechnung richtig gedeutet wird, ist das Wissen um die Anzahl der Michelin-Sterne ('92) unverzichtbar. Die happy few:

***Auberge de l'Ill, Haeberlin, Illhäusern
**   Schillinger, Colmar
* Couronne, Sélestat (vgl. Ortstext)
* Vieux Couvent, Rhinau, neu (vgl. Ortstext)
* Edel, Sélestat
* Valet de Coeur, Villé
* Philipp Bohrer, Rouffach (vgl. Ortstext)
* Maximilien, Zellenberg
* Aux Armes des France, Ammerschwihr
* Fer Rouge, Colmar
* Da Alberto, Colmar - neu
* Père Floranc, Wettolsheim
* Chambard, Kaysersberg
* Auberge de la Tonnelle, Mulh./Riedisheim (vgl. Ortstext)
* Poste, Mulhouse/Riedisheim (vgl. Ortstext)
* Moulin de Kaegy, Sundgau, Steinbrunn
* Vosges, Ribeauvillé
* Schoenenburg, Riquewihr (vgl. Ortstext)
* Auberge Cheval Blanc, Westhalten

Hau weg den Stern - nicht's strahlt mehr

Le Rendez-vous de la Chasse im Hotel Bristol in Colmar
Le Caveau, Eguisheim (vgl. Ortstext)

Wir reimen zum allerletzten Mal: Ist der Stern erst weg, geht's an den Speck.

Oasen im Elsaß & Sundgau

Einfach gut Schlafen:

1 Auberge du Jura**, Kiffis - die solide Unterkunft gegenüber dem schweizer Jura
2 Auberge et Hostellerie Paysanne**, Lutter - alter Gasthof & renoviertes Bauernhaus
3 Studerhof, Bettlach - einfach und schön
4 Du Rhin, Chalampé - solider Familienbetrieb ohne Chichi
5 Chez Pierre, Blodelsheim - das Gleiche, ein paar km weiter nördlich
6 Cernay - Das Schloß unter den Jugendherbergen
7 Aux Deux Clefs** oder Groff, Biesheim - Die solide Adresse in Colmarnähe
8 Belle Vue, Voegtlinshofen - die Terrasse oberhalb Colmar

Dies ist nur ein kleine Auswahl -
mehr Adressen stehen im Buch.

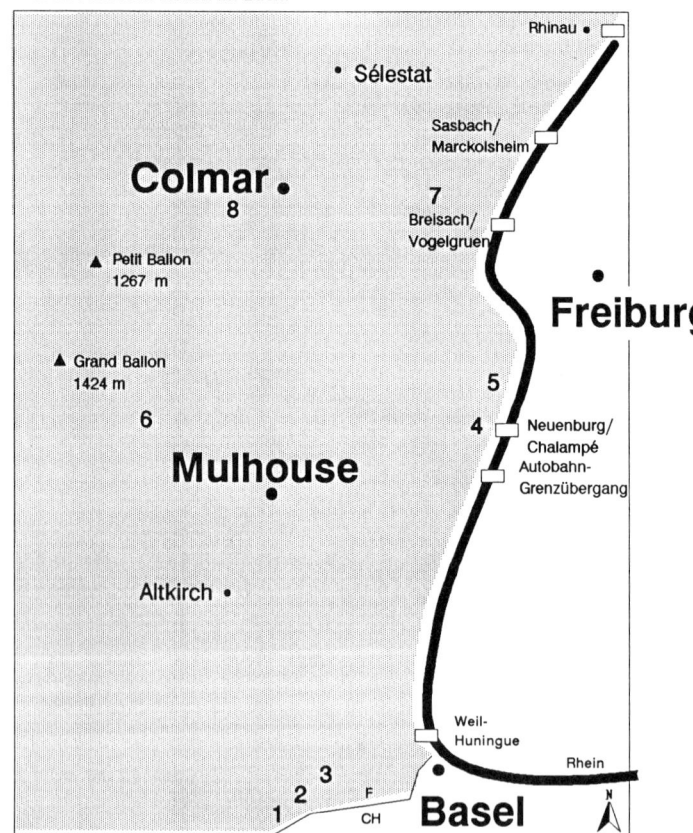

Mit Freude essen!

1. A la Source de Larg, Oberlarg - ausgezeichnet bürgerlich
2. Du Soleil oder Wadel, Überstrass - sympathisch & bollengrad
3. Couronne d'Or, Leymen - Regionales & Saisonales
4. Belle Vue, Wentzwiller - nobles, teures Frankreich
5. Ritter, Dannemarie - grundsolider Sundgau
6. Au Cheval Blanc, Diefmatten - gut bürgerlich mit Stil
7. Le Cellier, Mulhouse - der König unter den Flammkuchen
8. La Rascasse, Mulhouse - frische Fische zu erfreulichen Preisen
9. Le Bistrot, Mulhouse - klein, aber sehr fein
10. La Tonnelle, Riedisheim - noch feiner
11. Du Rhin, Chalampé - die Provinz ruft "Carpe Frite"
12. Chez Pierre, Blodelsheim - das Dorfgasthaus abseits der Sternchenrouten
13. Garbo - Eleganz ohne Chichi im Herzen Colmars
14. Aux deux Clefs oder Groff, Biesheim - Erholung in der weiten Ebene
15. Couronne, Baldenheim - die Kantine Haeberlins
16. Au Vieux Couvent, Rhinau - die feine Fischadresse im Ried
17. Au Bord du Rhin, Rhinau - die arg volkstümliche Version davon

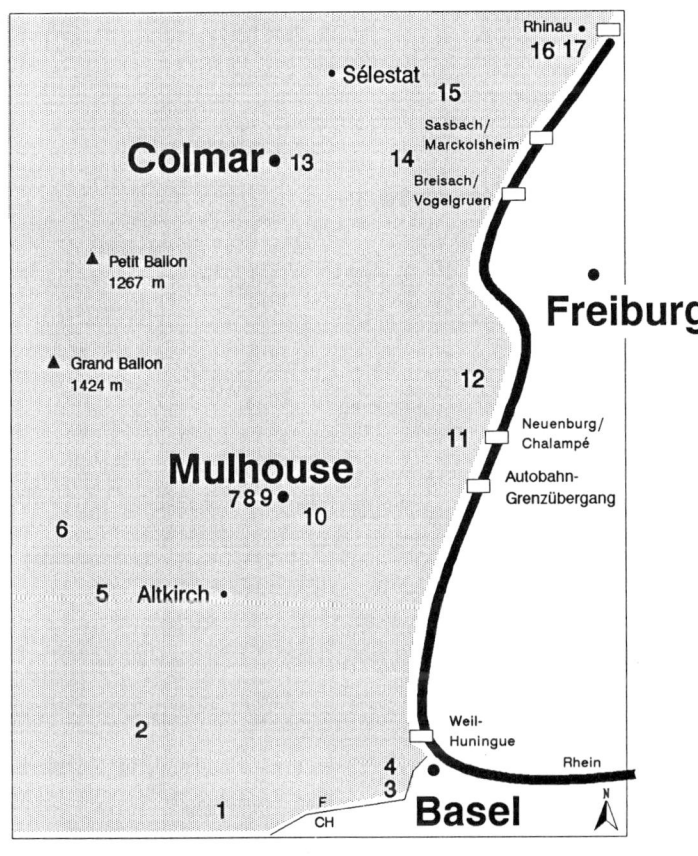

Ortsverzeichnis

Altkirch 83
Ammerschwihr 179
Artzenheim 47
Baldenheim 44
Balgau 52
Basses-Huttes (Orbey) 168
Beblenheim 185
Bendorf 94
Bergheim 187f.
Bettlach 81
Biederthal 77
Biesheim 46f.
Blodelsheim 50f.
Boofzheim 41f.
Bourrignon (CH) 99
Breisach 45
Breisach (Grenzübergang) 45ff.
Cernay 127
Chalampé 48f.
Col de Fouchy 171
Colmar 139ff.
Dannemarie 89
Diefmatten 122
Eco Musée (Ungersheim) 126
Eguisheim 136
Feldbach 92
Fellering (Wesserling) 128
Ferrette 93f.
Folgensbourg 72
Froeningen 122
Glaserberg 98
Gommersdorf 90
Guémar 185
Hachimette 159f.
Hagenthal 72
Heimersdorf 91
Hirtzbach 92
Hohkönigsburg 188
Hohrod 166
Hundsbachtal 89
Huningue 59f.
Husseren 153
Jungholtz-Thierenbach 130f.

Kaysersberg 180
Kembs 55
Kembs-Loechlé 55f.
Kichompré 157
Kientzheim 179
Kiffis 100
Kintzheim 189
Labaroche 156
Lapoutroie 160, 169f.
Largtal 90f.
Les Trois Epis 155f.
Leymen 75f.
Ligsdorf 96
Logelheim 47
Lucelle 99
Luttenbach 162
Lutter 78
Marckolsheim
  (Grenzübergang) 77ff.
Morimont (Burgruine) 98
Müllheim-Neuenburg
  (Grenzübergang) 48ff.
Münstertal 157ff.
Mulhouse 102ff.
Munster 157f.
Muttersholtz 44
Neu-Breisach 45f.
Neuwiller 70
Niedermorschwihr 178
Niffer 55
Oberlarg 96f.
Oltingue 82
Orbey 168
Ostheim 185f.
Ottmarsheim 54
Petit Camargue 62f.
Pfaffenheim 133
Phaffans 123
Rhinau
  (Grenzübergang) 39ff.
Ribeauvillé 182f.
Riedisheim 120f.
Riquewihr 180ff.

Rixheim 117f.
Rosenau 62
Rouffach 131
Route des Crêtes 129
Schauenberg 134
Schönenbuch (CH) 71
Soultz 130
Soultzbach 160, 162
St. Apollinaris (Schloßgut) 73
St. Britzgi (Oltingue) 82
St. Louis 59
Steinbrunn-le-Bas 122
Sundgau 64ff.
Sélestat 172f.
Thurtal 127f.

Turckheim 178
Ueberstrass 91
Ungersheim 126
Village Neuf 61f.
Voegtlinshofen 153
Vogelgruen 45
Wahlbach 85
Weil-Huningue (Grenzübergang) 58ff.
Wentzwiller 70
Wettolsheim 137
Winkel 96ff.
Wintzenheim 137f.
Wolschwiller 77

Verzeichnis der Restaurants & Hotels

A la Commanderie, Rixheim 119
A la Couronne, Hagenthal-l.B. 74.
A la Croix d'Or, Les Trois Epis 155
A la Source de Larg, Oberlarg 96f.
A la Vigne, Stoffel, Logelheim 47
A la Ville de Lyon, Rouffach 132
Ancienne Forge, Hagenthal-l.H. 75
Au Boeuf Rouge, Hagenthal-l.B. 74
Au Bord du Rhin, Rhinau 41
Au Cheval Blanc, Diefmatten 122
Au Cygne, Wolschwiller 77
Au Lion d'Or, Blodelsheim 51
Au Nid de Cigogne, Ostheim 186
Au Raison d'or, Sélestat 172
Au Soleil, Wahlbach 86
Au Vieux Couvent, Rhinau 40
Aub. de la Rochette, Labaroche 156
Aub. de la Tonnelle, Riedisheim 120f.
Aub. du Schoenenburg, Riquewihr 181f.
Auberge d'Artzenheim, Artzenheim 47
Auberge de Froeningen 122
Auberge de Jeunesse, Cernay 127
Auberge de la Neuwiller 69
Auberge de Phaffans, Phaffans 123
Auberge des Allies, Sélestat 173
Auberge du Jura, Kiffis 100
Auberge du Morimont 98
Auberge Paysanne, Lutter 78
Auberge Saint Martin, Kintzheim 189
Auberge Sundgovienne, Carspach 84
Aux Armes d.France, Ammerschw. 179
Aux Deux Clefs, Groff, Biesheim 46f.
Aux deux Clefs, Kintzheim 189
Basse Cour, Beblenheim 185
Beau Site, Hohrod 166
Belle Vue, Voegtlinshofen 153
Bellevue, Wentzwiller 70
Caveau de la Dime 153
Caveau du Vigneron, Turckheim 178
Caveau Morakopf, Niedermorschw. 178
Cheval Blanc, Feldbach 92
Chez Denise, Kichompré 157
Chez Pierre, Blodelsheim 50f.

Château d'Issembourg 133
Couronne d'Or, Leymen 75
Césarhof 81
Des Bains, Hagenthal-l.H. 75
Du Faudé, Lapoutroie 170
Du Rhin, Chalampé 49
Du Soleil oder Wadel, Ueberstrass 9
Du Soleil, Neu-Breisach 46
FA du Petit Kohlberg 98
Grand Hotel, Les Trois Epis 155
Hexa Kessel, Rouffach 132
Hotel de France, Neu-Breisach 46
Irrman's Stub, Kientzheim 179f.
Jenny, Hagenthal-l.B. 73
L'Aigle oder Jack, Folgensbourg 73
L'Ange, Village Neuf 61
L'Anrcre, Boofzheim 41f.
L'Arbalète, Ribeauvillé 183
L'Auberge Alsacienne, Eguisheim 1.
L'Auberge de la Gloriette, Wahlbach
L'Auberge Vieux Moulin de Bendorf
L'Européen, Vogelgruen 45
L'Oltinguette, Oltingue 82
La Chêneraie, Les Trois Epis 155
La Couronne, Baldenheim 45
La Poste oder Kieny, Riedisheim 12
La Terrasse, Altkirch 84
Le Caveau d'Eguisheim 136
Le Cheval Blanc, Kiffis 99
Le Moulin Bas, Ligsdorf 96
Les Alisiers, Lapoutroie 170
Les Violettes, Jungh.-Thierenbach 1.
Mahlkischt, Mehlkischt, ...kischt
Sélestkischt 172f.
Marchal, Les Trois Epis 156
Mayer, Kanal-Mayer, Village Neuf 6
Mon Village, Riedisheim 119
Moulin du Kaegy, Steinbrunn l.B. 12
Panorama, Hohrod 166
Pfifferhus, Ribeauvillé 182f.
Piste du Rhin, Village Neuf 62
Poney-Park, Blodelsheim 52
Porte de France, Chalampé 49

Relais du Rhin, Kembs-Loechlé 36
Rheinfelderhof, Balgau 54
Ritter, Dannemarie 90
Roess, Hohrod 167
Schaeferhof, Kembs-Loechlé 56
St. Britzgi, Oltingue 82
Studerhof, Bettlach 81

Terminus, Huningue 59f.
Villa Rosa, Les Trois Epis 156
Wadel oder Du Soleil, Ueberstrass 91
Wetterer, Basses-Huttes (Orbey) 168
Winstub du Sommelier, Bergheim 187
Zum Bad, CH-Schönenbuch 71

Colmar:

'S Parisser Stewwele 148ff.
Au Chasseur 148
Aux Trois Poissons 151
Beau Séjour 152
Café Clergue 149
Carthage 150
Da Alberto 149
Garbo 149
Heydel 147
La Taupe 151
Maison des Têtes 147f.
Safran 150

Mulhouse:

Au Quai de la Cloche 114
La Rascasse 115
La Terrine 112
Le Bistrot 119
Le Cellier 113f
Pot au Feu 114
Wir 115
Wistub Henriette 112

Fermes Auberges:

Christlesgut 165f.
Geisbach 164f.
Glasborn Linge 167
Irrkrüt 171
Kahlenwasen 164
Kébespré 169
Lameysberg 165

CIP-Titelaufnahme der Deutschen Bibliothek

Salamander, Jacky:
Oasen im südlichen Elsaß und Sundgau / Jacky Salamander.-
1. Aufl. - Badenweiler : Oase Verl., 1992
ISBN 3-88922-044-4

OASE - PROGRAMM

TOSKANA Hennig
CINQUE TERRE und die Ligurische Küste Hennig
UMBRIEN Hennig
LIPARISCHE INSELN Raith
PROVENCE Hennig
ROUSSILLON, COTE VERMEILLE Showeil – Dominé
BEAUJOLAIS Dominé
KORSIKA Schauseil
TÜRKEI Gronau
SPANIEN Abel/Stauch
RHODOS und DODEKANES Bötig
NEUSEELAND Letsch
ISLAND Hanneck-Kloes
MEXIKO Abel
GUATEMALA & BELIZE Abel

Alle Titel zwischen 29,80 und 38 Mark.

- *Gut zur Ergänzung des Elsaß-Führers:*

FREIBURG & MARKGRÄFLERLAND Abel 26.-
DER REGIO-Einkaufsführer Abel & Salamander 22.-
Saubere Quellen für feine Sachen zwischen Colmar, Basel und Freiburg

Wir schicken Ihnen gerne unser aktuelles Programm:

Oase Verlag
Postfach 344
D-W 7847 Badenweiler
Tel: 07632-7460
Fax: 07632-5098